Re-understanding Workshops

ワークショップを とらえなおす

KATO Fumitoshi

加藤文俊 著

ひつじ書房

はじめに

　早いもので、気づけば教員という身分になってからすでに二〇年以上になる。授業をどのようにすすめればいいのか、いきいきとした「教室」をつくるにはどのようなやり方があるのか。教員にとって現実的な課題であるから、授業にかかわる方法や態度については、「新米」のころからずっと関心を寄せてきた。くわえて、民間企業や地方自治体の研修プログラムを企画・運営する機会もあり、もう少し広い意味での学習環境のありようにも興味をもつようになった。教員としての日常があたりまえになり、場数も増えてそれなりに経験が蓄積され、いまや「ベテラン」扱いされることが増えた。

　「教室」の設え、学事日程や時間割といった一連の仕組みは、授業という時間・空間に、ひとつの秩序をあたえている。いち教員として、こうした仕組みがきわめて精緻につくられ、維持されてきたことを実感するとともに、いささか窮屈さを感じるようにもなった。制度や仕組みそのものを改訂することも可能だが、まずは、あたえられた条件のもとでさまざまな工夫を試みる。その際、「直接体験こそが学びの源泉である」と考える経験学習の理論に共感するところが多かった。というのも、自分自身の経験からも、身近で具体的な例示があると、〈モノ・コト〉の理解が格段にすすむと思えるからだ。そして、試行錯誤も大切だ。目の前の課題に向き合いながら、連鎖的に発想する。その過程で、人とのかかわり方やコミュニケーションにも考えがおよぶ。

「ワークショップ」は、経験学習の理論と親和性の高い「方法」だと言えるが、じつは、「ワークショップ」ということばを使わずとも、直接体験を重視するさまざまな学習環境のデザインと実践が行われてきた。つまり、ことばをはるかに先行して、多くの活動があった。いっぽう、私たちは、ことばを獲得することによって、〈世界〉をつくったり再編成したりする。二〇〇一年に『ワークショップ』（中野民夫）が出版され、いまでは「ワークショップ」は、私たちにとって身近なことばになった。「ワークショップ」ということばを獲得したことで、いままでばらばらだと思われていた事柄が整理されるとともに、あたらしいつながりが生まれた。また、「ワークショップ」が広く認知され、問題発見・問題解決のための「方法」を実践する「流儀」や「流派」ともいうべきものも育まれてきたように見える。この十数年、さらに「ワークショップ」への関心が高まり、さまざまな実践事例が報告されるようになった。「ワークショップ」に関する書籍も数多く出版され、大学等でも「ワークショップ」のデザインや運営方法を主題とする講座が開かれている。

あたらしい「方法」がさまざまな領域で受容され、普及していくことは歓迎すべきことではあるが、そもそも「ワークショップ」とは何か。その可能性や限界は、どのように理解すればいいのか。実践への志向が強い分、私たちはこうした本質的な問いを忘れがちである。というより、実践の現場はいつでも慌ただしく動いているために、しばし立ち止まって、自らの実践をふり返る機会をなかなかつくれないということなのかもしれない。

たとえばアートプロジェクトやまちづくりにかかわる人びとにとって、「ワークショップ」は活動の一形態である。しかし近年、特定のテーマに留まることなく「ワークショップ」の企画・運営そのものに関心をもつ人も増えている。これは「ワークショップ」という専門領域や職能が形づくられてきたことの表れである。こうした専門領域の誕生、あるいは「方法」としての一般化への動きは、しばしば私たちを現場から切り離してしまうことになる。個別具体的な課題に直面している現場に近づくことなく、「方法」としての体系化・定型化がすすむことによって、私たちの「ワークショップ」の理解はどのように変容したのだろうか。「ワークショップ」に集う人びとの個性を活かしながら、コミュニケーションの場をつくるには、どのような工夫が必要なのか。

そもそも、私たちは、「ワークショップ」をつうじて、何をどのように学ぶのだろうか。私たちは現場においてさまざまなことを学ぶが、「ワークショップ」の後から自らの体験をふり返り、他の現場（日常生活や職場・学校など）で、その体験が活かされることも重要なはずだ。また、現場では、事前に設定された目的や方法にそぐわない場合でも、即時即興的な判断にもとづいて対処する必要がある。その意味で、「ワークショップ」は、人びとが相互に影響をあたえながら構成される場であり、まさに絶え間ないコミュニケーションの所産として理解されるべきものだと言えるだろう。

「ワークショップ」をめぐって、いくつもの問いが頭に浮かぶ。まだまだ「ベテラン」などと呼ばれるほどの知恵も見識もないが、試行錯誤の経験だけは、それなりにたくさんある。いまなお、試行錯誤の最中ではあるが、私自身の活動をふり返りながら、できるかぎり反省的・批判的な態度で「ワークショップ」について考えてみたい。一つひとつの問いに、唯一の「こたえ」はないが、私たちが受け容れている「ワークショップ」の理解を、あらためて問い直すきっかけをつくれればと思う。

目次

第3章　ワークショップから学ぶ

第1章　ワークショップの風景

1　ワークショップとの出会い

あたらしい学びの体験

もう三十数年前になるが、大学の学部生の頃、講義の一環で「土地利用ゲーム（CLUG: Community Land Use Game）」という演習に参加したことがある。ゼミの先生が、ミシガン大学のアラン・フェルトが一九六〇年代に開発したという教材を、日本版に再編したものだった。内容は、その名が示すとおり、都市における土地利用をテーマに、地域開発や都市計画について考えるための「学習ゲーム」である。私たちに馴染みのあるゲームにたとえると、「モノポリー」のようなものだろうか。ゲームとして構成される都市は抽象化・単純化されていて、格子状の盤面としてあたえられる。私たちはいくつかのチームに分かれ、あらかじめ決められている予算をやりくりして土地を購入し、工場、住宅、商店などを建設する。そして、他のチームと交渉して契約を結ぶ。おもちゃのお札を使って取引が行われ、毎期の決算によってチームが評価される。それぞれのチームの成績も大事だが、全体として、その架空の都市の経済状況や環境問題なども講評される。ローカルなレベルで合理的な意思決定をしていても、チームどうしの相互作用の結果、都市全体に予期していなかった影響が及ぶこともある。

このゲームは、とてもよくデザインされていた。移動や配送に関わるコストを抑えれば利益が増えるので、立地を決めるときにはなるべく分散せずに隣り合うように土地の獲得を試みる。しかしながら、住宅と工場が隣接するような状況になると、環境に対する評価が下がるので、上手くゾーニングを行って「住み分ける」ことも考えておかなければならない。それぞれのチームは、競争と協調のバランスに配慮しながら行動することが求められるのだ。利益ばかりを追求する冷淡な企業家になるのか、あるいは環境に優しい都市づくりを志向する商店主になるのか。単純化されているからこそ、難しい意思決定の場面が際立って見えてくる。

手を動かしながらなので、会場となった教室は、わいわいと終始賑やかな雰囲気だった。「ゲーム」という名称も手伝ってか、演習であることを忘れて、ある種の没入感とともに過ごしたのを、いまでも覚えている。ゲームに興じているようでいて、盤面に表示される都市の現況を見ながら、気づくこと、考えることは多かった。その後も、先生が「土地利用ゲーム」を自治体や企業の研修などで実施する機会があり、私たちゼミ生はその手伝いにたびたび駆り出された。マニュアルを準備したり、机やイスを並べ換えたり、「本番」を前に会場を整えるのも、それなりに労力を必要とする作業だということを実感した。

研修に参加していた（自治体や企業の）大人たちは、最初はゲームという名の付いた演習を、どこか不真面目な「遊び」のようにとらえているように見えた。あまりにも単純化された盤面を前に、さまざまな経済主体の役割を演じることなど、（子供じみていて）到底できないというふうでもあった。日頃から、現場と向き合いながら仕事をしている参加者たちにとって、ゲームから学ぶことなど期待できなかったのだろうか。だが、ひとたびゲームがはじまって、それぞれのチームの意思決定が評価され、都市の状況の推移が盤面に記されていくと、ようすは一変した。全員がゲームの世界に引き込まれ、土地入札の場面などでは、大いに盛り上がっていた。

いまふり返ると、これが私にとって初めてのワークショップ体験だったということになる。あたらしい学びの経験だったが、その当時は「ワークショップ」ということばを使っていなかった。私たちは、ことばによってあたらしい「世界」を獲得する。つまり、名づけることとは、「世界（世界観）」をつくることであり、ことばによって、人びとのふるまいや環境について、秩序立てて語れるようになる。私自身は、三十数年前に「土地利用ゲーム」と出会ってから、地域開発や都市計画などにかぎらず、より一般的な意味での「学習ゲーム」に関心をいだくようになった。いまでこそ「ワークショップ」ということばを使うようになっているが、もっぱら「ゲーム（ゲーミング）」と呼ばれる領域をとおして、経験学習の理論などに触れた。

私が、いつ「ワークショップ」と出会っていたかということは、さほど重要ではない。むしろ大切なのは、ひとつのことばを獲得することで、さまざまな〈モノ・コト〉のつながりが明快になり、過去や現在のみならず、将来の活動までもが語りやすく整理されるという点だ。

コミュニケーションの現場

一九九五年ごろ、縁あって、ヘンリー・サノフ氏を招いて実施された「まちづくりワークショップ」に参加する機会があった。アメリカのノースカロライナ州立大学で長年教鞭を取っていたサノフ氏（現在は同大学名誉教授）は、住民参加型のまちづくり活動のために、「デザインゲーム」という方法を提唱、実践していた。サノフ氏の著書の邦訳は一九九三年に『まちづくりゲーム』というタイトルで刊行されているが、そのサブタイトルが「環境デザイン・ワークショップ」だった（原題は『Design Games』で、初版発行は一九七九年）。

上述の「土地利用ゲーム」は、参加者の相互作用に応じて、都市の成り立ちが変わるという意味で、毎回ユニークな展開をするゲームだった。それぞれのチームのふるまいを評価し、その結果を盤面に反映させる際には、つねに同じルールが適用されるが、初期条件の設定や参加者の個性（交渉の仕方やコミュニケーションのスタイルなど）、チームワークなどによって、さまざまな土地利用の可能性が示される。いっぽう、サノフ氏の「デザインゲーム」は、「土地利用ゲーム」ほど大がかりな準備は必要とせず、参加者と一緒に現場に赴き、まち歩きをとおして「ゲーム」そのものをつくるというやり方だった。現場で素材を調達し、その場に合った「ゲーム」を仕立てるという、緩やかに構造化された方法だ。この場合も、基本的な考え方や成果のまとめ方については緻密に整理されていたが、現場に合わせてカスタマイズできる柔軟な作りになっていた。

いずれのゲームも、参加者にできるかぎり主体的に考えさせ、意見交換をしながらアイデアをまとめることを促す仕組みで、経験学習の理論にもとづいてデザインされていた。私は、土地利用やまちづくりといった学習内容だけではなく、ゲームという状況そのものに興味をいだいた。「ゲーミング・シミュレーション」と呼ばれる調査・研究の分野があることを知り、さまざまな主題で開発された演習プログラムに触れる機会があった。まず、ゲームという形で現実の世界が抽象化・単純化されると、課題や争点が際立つ。もちろん、実際に向き合うべき問題は、はるかに複雑だということを忘れてはならないのだが、本質的な事柄が抽出され、わかりやすい形で表現されていると、議論は活性化する。当然のことながら、ゲームが持ち合わせている楽しさも重要な役割を果たしている。ゲームという形式は、複雑な〈モノ・コト〉を、わかりやすく伝えるためのメディアとして考えることができるだろう。

また、ゲームのなかで、私たちはさまざまな役割演技が必要な場面に遭遇する。最初は照れたり躊躇したりするのだが、少し慣れてくると、多くの人は、あたえられた役割をいきいきとまっとうするようになる。たとえばゲームのなかで「社長」になると、ごく自然に「社長らしく（社長っぽく）」

話をはじめる。そして、不思議なことにそのふるまいは「もっともらしく」感じられることが多い。これは、（マスメディアなどをとおして描かれているイメージとおそらく無関係ではないが）私たちが「社長らしさ」について、ある種のイメージを共有していることの表れでもある。参加者は、ふだんとことなる役割を担うことで、自らの先入観や偏見に気づく。また、不意に人間らしさ（本性）が露呈するような場面もある。こうした学習ゲームのなかには、社会的な役割だけではなく、ジェンダーや人種などの属性を変えて、（ちがう立場に身を置いて）問題に向き合うようにデザインされているものも数多くあった。

ゲームによってつくられる世界は、仮想的なものであるからこそ、参加者たちは安心して、その世界に身を委ねることができる。当然のことながら、ゲームとしてデザインされている学習環境は、安全である。その前提のもとで、参加者は（ふだんよりも大胆になって）冒険をしたり、リスクを取ったりする。ゲームとして求められるさまざまな装飾や演出を取り除いた際に、現実世界との整合性や「もっともらしさ」が担保されていれば、私たちはそのゲームをたんなる楽しい「遊び」として扱えないことに気づくはずだ。ゲームによって表現されているのは、抽象化された仮想の世界だが、良質にデザインされていれば、私たちが考えるべき課題の本質をとらえているからである。企業の経営者たちが、囲碁や将棋をとおして戦略や処世術を学ぶのと同じように、この「学習ゲーム」からも、多くのレッスンを学ぶことができる。こうしたゲームの強みは、日常的に「あたりまえ」だと感じるようになった〈モノ・コト〉のありようを、批判的にふり返る機会を提供することだと言えるだろう。

場づくりへの関心

私たちのコミュニケーション行動は、必ず、何らかのかたちで時間と空間を占めている。私たちが日常で向き合う〈モノ・コト〉は、「いつか」「どこか」で観察されたり実感されたりするからである。このことに異論を唱える読者は、おそらくいないだろう。コミュニケーションの理論研究で知られる、ポール・ワツラヴィックらは、コミュニケーションについて考える際の「試案的公理」のひとつとして、「コミュニケーションしないことの不可能性（One cannot not communicate）」を挙げている。つまり、非言語コミュニケーションもふくめ、私たちの行動のすべてがコミュニケーションだということだ。私たちは、コミュニケーションをしゃべることだと考えがちだが、黙っていても私たちはメッセージを発し（つまり、黙っているという状態そのものがメッセージとなり）、お互いを察し合いながら暮らしているのである。

上述の「土地利用ゲーム」の事例をふり返ってみても、会場がつねに賑やかに盛り上がっていたわけではない。たとえばチームの作戦を練るとき、参加者たちは黙考する時間を設けることがある。あるいは、手作業のときには、集中するあまり会話がなくなる場面もある。いっぽうで、ゲームの最中に、飽きたようすでうわの空に見える参加者もいる。開始から終了まで、ゲームの時間をひと筋の流れとして理解しようとするとき、沈黙や間《ま》を無視することはできない。つまり、ゲームによってつくられる学習環境について考える際、参加者たちの発話だけに注目していてはふじゅうぶんだということだ。私たちの行動のすべてがコミュニケーションで、その行動が時間と空間によって規定されていると考えると、コミュニケーションへの関心は、場づくりをめぐる問題と直結していることに気づく。ゲームにおけるコミュニケーションを理解しようという試みは、結局のところ、場づくり（場づくりの方法）への関心として整理される。

場づくり（場づくりの方法）に関心をいだくようになったもうひとつ理由は、自分自身が教員という立場になったことだと考えられる。学生の側にいるときは、ほとんど意識することなどなかったが、教員になったおかげで、（自分が想定する）学習内容をどのように伝えたらよいのか、あれこれ思案することになった。教材の準備や教室の使い方、時間配分など、暗黙のうちに想定していた〈教える―教わる〉という関係そのものを見直すきっかけになった。教員になってしばらく時間が経ったが、コミュニケーション、そして場づくりは、これからもずっと向き合っていく課題である。

「土地利用ゲーム」や「まちづくりゲーム」へのかかわりをとおして、「ファシリテーター」と呼ばれる役割にも興味をもつようになった。「ファシリテーター（あるいはファシリテーション）」ということばも、「ワークショップ」と同じように、もともとはあまり馴染みのないことばだったが、ゲームにおける参加者のコミュニケーションを促したり、時間・空間のマネジメントをとおして会場を整備したりする役割が重要であることを実感していた。「ファシリテーター」は、学習ゲームに限ることなく、より一般的に、会議や講義におけるコミュニケーションの流れを調整し、場づくりに貢献する役割を担う存在である。「ワークショップ」も「ファシリテーター（ファシリテーション）」も、あたらしい学びの経験を語るために、そして、その環境を整えていくために必要なことばだと言えるだろう。

第3章では、私が携わってきたワークショップの具体的な事例をいくつか紹介する。それぞれ、学習の目的・内容、学習環境のデザインはことなるが、いずれもコミュニケーション、ひいては場づくりへの関心と無関係ではない。

「教室」を変える

学習ゲームは、私たちが慣れ親しんでいる講義やセミナーとはちがった形式で実施されることが多かった。講義やセミナーというと、私たちはいわゆる「スクール形式」を思い浮かべがちだ。部屋の正面に話者（講師）が立ち、参加者（受講者）は、前を向いて（規則正しく）並んでいるという設えである。この「スクール形式」は、言い換えるならば、机やイスの配列によって、講師と受講者との距離や向き合い方を規定する形式だということになる。複数（場合によっては大人数）の受講者たちは前を向き、（よそ見などを許さず）視線が一人の講師に集中するように物理的にデザインされている。それは、一人の話者が、同時に大勢の聴衆に対して話をすることのできる、効率的な情報伝達のためのデザインだ。同じ理由で、黒板（ホワイトボード）やプロジェクター用のスクリーンも、受講者たちが一様に視線を向けられるように配置されている。

いっぽう、私が体験したゲームの現場は、「スクール形式」で配置されている机とイスを移動させることからはじまった。そのために、可動式の什器が置かれた部屋がえらばれていたようだ。数名からなるチームで活動しやすいように、長机を向き合うように並べ、会場にいくつかの「島」をつくる、いわゆる「アイランド形式」である。受講者たちは、チームに分かれて座るが、その際には同じチームのメンバーどうしで向き合う形になり、講師（あるいはファシリテーター）に背を向ける場合もあるが、お互いの顔を見ながら話をすることができる。「スクール形式」では明示的だった、室内の「正面」という考え方自体も曖昧になる。

「ワークショップ」は、たとえばゲームという形式をとおして、私たちのコミュニケーションのあり方を変容させる。コミュニケーションの方法に制限を加えたり、あるいは、ふだんとことなる役割や属性を意識させたりすることで、私たちに学びの機会をもたらすことを目指している。コミュニケーションへの意識は、私たちにとって馴染み深い会議室や教室を、あらためて見直す契機になる。重要なのは、活動の目的・内容に応じて、「適切」だと思われる（物理的）環境の整備を試みるということだ。言うまでもなく、「スクール形式」にも「アイランド形式」にも、それぞれ長所と短所がある。まさに、想定されるコミュニケーションに応じて、その都度えらばれているはずだ。

一九九八年から二〇〇〇年にかけて、長岡健（当時・産業能率大学）と共同で、大学生を対象とするワークショップを実施したことがある（加藤・長岡　一九九九ほか）。その際、私たちは、会場を整える過程で、机やイスを並び替えるとともに、空間的な構成に、たとえば「カフェ」「アトリエ」「ギャラリー」などの名称をあたえて、一つひとつの活動と実践の場が連動していることを意識できるようにした。ワークショップにおける中心的な活動をコミュニケーションであると位置づけるならば、伝えるべき〈内容〉ばかりでなく、どのように伝えるかという〈関係性〉のあり方についても自覚的になる必要があるからだ。コミュニケーション行動における〈関係性〉という側面は、ことばのえらび方や口調、非言語的な手がかり、さらには相手とどのように向き合うかという物理的な位置関係や視線の配置と密接に関わっている。

さらに考えておきたいのは、私たちの活動の場所は、教室や会議室にかぎられたものではないということだ。ワークショップが、コミュニケーションをとおした場づくりの活動として理解されるのであれば、教室や会議室のみならず、さらに「外」へと向かったとしても不思議ではないだろう。地域コミュニティの問題は、まさにその現場（たとえば商店街）において考えるべきかもしれない。ものづくりが題材になるのであれば、特別な道具や装置を備えた実験室や工房で実施したほうがいいはずだ。いずれにせよ、どのような場をつくりたいのかについて、コミュニケーションの〈内容〉と〈関係性〉を一体的に考えながら、ワークショップを企画・実施することが重要である。

方法への欲求

おそらく、『ワークショップ』というタイトルの日本語の本（一般書）が初めて刊行されたのは、二〇〇一年である（中野民夫著）。サブタイトルは「新しい学びと創造の場」だった。すでに述べたとおり、「ワークショップ」ということばをメインのタイトルに掲げた書籍が出版される以前から、「ワークショップ」と呼ぶべき活動は行われていた。私の経験にかぎっても、三十数年前に遡るのであるから、他のさまざまな領域で、数多くのワークショップが実施されてきたことはまちがいないだろう。

『ワークショップ』の刊行は、人びとのワークショップへの関心の高まりを反映しているとともに、「ワークショップ」ということばがあたえられることによって、私たちが、あたらしい「世界」を獲得したことを意味する。同書で、ワークショップは「講義など一方的な知識伝達のスタイルではなく、参加・体験して共同で何かを学び合う／創り出す、新しい学びと創造のスタイル」であると定義されている。その後もワークショップに関する書籍や論文では、上述の『ワークショップ』に掲載された「ワークショップの分類」が、少しずつ加筆・修正されながら参照され続けている。さまざまな実践報告が蓄積されたり、あるいは領域が広げられたりしていることの表れだと理解することができる。

二〇〇六年に刊行された『ワークショップ：偶然をデザインする技術』(中西紹一ほか)は、商品やサービス、ブランドを開発するための技術として、ワークショップを位置づけている。二〇〇七年の『ワークショップ：住民主体のまちづくりへの方法論』(木下勇)は、すでに述べた「土地利用ゲーム」や「まちづくりデザインゲーム」と隣接する領域の著作である。タイトルに反映されているように、いずれも「技術」や「方法論」としてワークショップをとらえている。

近年、「ワークショップ」ということばは比較的身近に感じられるようになっているが、「ファシリ

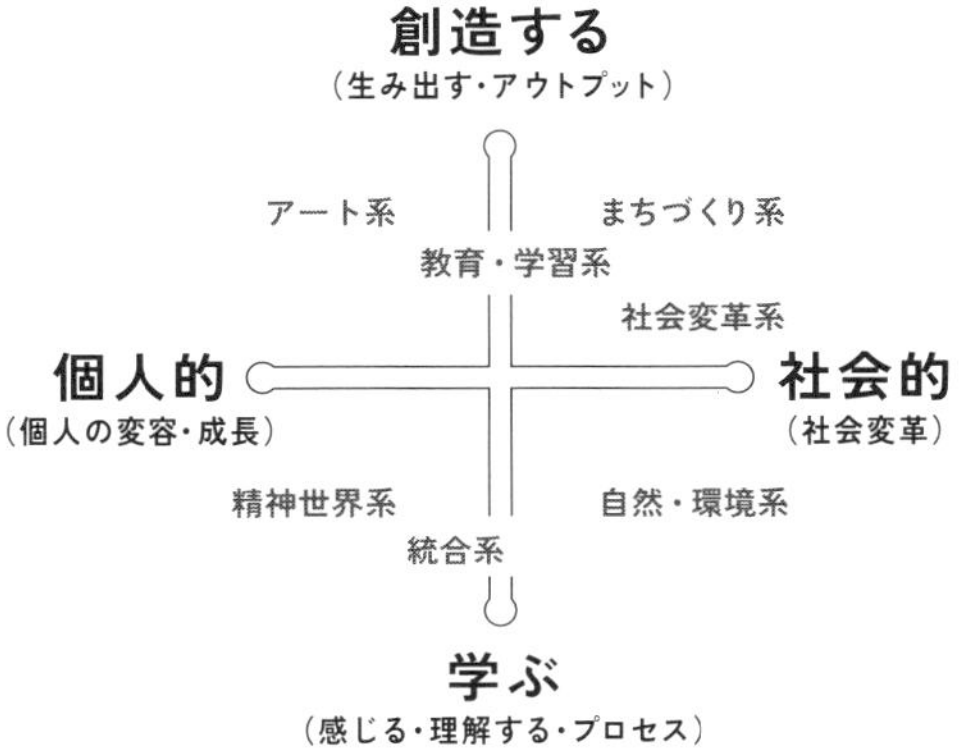

図１-１　ワークショップの分類の試み　中野（2001）をもとに作成

テーター」あるいは「ファシリテーション」ということばも併せて受容・普及がすすんだ。私は、「土地利用ゲーム」に出会ってから、学習用の「ゲーム（ゲーミング）」について学ぶようになったが、そのなかで「ファシリテーター」「ファシリテーション」ということばにも出会った。いまふり返ると、三十数年前にゼミの先生に言われて「土地利用ゲーム」の進行を手伝っていたとき、まさに「ファシリテーター」としての役割を担っていたことになる。

　以下で紹介するのは、私自身の調査・研究の文脈で手に取ってきたおもな著作である。当然のことながら網羅的ではないが、この十数年の「ワークショップ」に関する著作を概観すると、理論・実践の両面で、私たちの関心領域が豊かになってきたことがうかがえる。

　二〇〇六年には、「ファシリテーション・スキルズ」（日本経済新聞社）というシリーズの刊行がはじまった。これは、ファシリテーションを構成すると考えられる個別のスキルを扱うもので、『ファシリテーション・グラフィック』『チーム・ビルディング』『ワークショップデザイン』『ロジカル・ディスカッション』『ディシジョン・メイキング』『アイデア・イノベーション』と、ほぼ一年に一冊のペースで刊行されている。いわゆる「見える化」やチームづくり、アイデアを整理する技法など、私たちの方法への欲求に応えるべく企画されたと理解することができるだろう。同シリーズの一冊である『ワークショップデザイン』は、二〇〇八年に刊行されたが、「知をつむぐ対話の場づくり」に役立つスキルとして位置づけられている。シリーズに収録された他の書籍のサブタイトルには「技法」や「〜術」ということばが使われていることからも、私たちが、絶え間なく方法への欲求をいだいている状況がわかる。

さらに、近年の「ワークショップブーム」とも呼ぶべき状況をふまえながら、この十数年をふり返ろうというスタンスの著作も刊行されている。二〇一二年には苅宿俊文らの編著で「ワークショップと学び」というシリーズ（全三冊）が刊行された（東京大学出版会）。それぞれ『まなびを学ぶ』『場づくりとしてのまなび』『まなびほぐしのデザイン』というタイトルで、これまでに蓄積されてきたさまざまな事例をとおして、ワークショップをめぐる議論を整理し、再度、方向づけを試みている。こうした一連の流れのなかで、二〇一三年には山内祐平らの『ワークショップデザイン論』が刊行された。次節で触れるが、ワークショップが方法として認知されるのにともなって、ワークショップは、（その方法を必要とする第三者のために）デザインされるべき対象として位置づけられるようになったと理解することができる。

2　ワークショップとは何か

スキルと道具

ワークショップは、場づくりの方法と密接に関わっている。場づくりには、時間・空間の整備が必要となるが、その過程でさまざまなスキルが求められる。ワークショップという方法に関心が高まるなかで、「ファシリテーション・スキルズ」というシリーズの著作が刊行されたことはすでに述べた。論理的思考やチームづくりなど、基礎的なスキルを抽出し、個別にトレーニングを行うという発想だ。この本のシリーズにかぎらず、さまざまなスキル獲得への私たちの欲求は高い。

たとえば、議論の経過を記録する「ファシリテーション・グラフィック」と呼ばれる方法がある。どうやら「ファシリテーション・グラフィック」というのは日本固有の言い方であるが、略して

「ファシグラ」などと呼ばれることもある。より一般的には、「グラフィック・ファシリテーション」として知られている。これは、会議やワークショップの参加者の発言を、その場で記録、図解する方法で、コミュニケーションの「見える化」に貢献するものだと言える。私たちに馴染みのある「書記」と似た役割を担うが、たんなる「議事録」の作成ではない。「議事録」は、もちろんその場で記録されるが、後から事実関係を確認するための「言質」として活用されることが多い。「議事録」では、もっぱら議事の承認・非承認や、起きた出来事など「結果」が記載され、議論の「過程」は省略されることが多い。いっぽう、「グラフィック・ファシリテーション」は、「書記」よりも能動的に現場に関わり、コミュニケーションの流れを（ある方針にもとづいて）編集する役割をも担う。即興的にその場で議論の「過程」が可視化されることで、論点が明確になったり、あたらしい発想に結びついたりすることが期待されるものだ。

私は、何度か、目の前で「グラフィック・ファシリテーション」のようすを見る機会があったが、それはまさに「名人芸」とも呼ぶべきもので、壁に貼られた模造紙に話の内容がつぎつぎと記録され、コミュニケーションの内容と経過が、絵巻物のように描かれていった。イラストや矢印、吹き出しなどとともに、躍動感のある記録だった。「グラフィック・ファシリテーション」には、もちろん絵心は必要なはずだが、それ以上に、目の前で展開してゆくコミュニケーションの流れを理解し、場合によっては先を読みながら手を動かすための観察力や洞察力が求められる、ひとつの「技《わざ》」のように見えた。そのためか、こうした「グラフィック・ファシリテーション」は、描き手によってスタイルや「画風」がことなるようだ。場合によっては天性のセンスにも左右されそうだが、議論を「見える化」するスキルは、トレーニングを積めば（ある程度は）体得することができるという考えにもとづいて、さまざまな講座も提供されている。

こうしたスキルが現場で活かされていくためには、さまざまな道具が使われる。「グラフィック・ファシリテーション」にかぎらず、もう少し一般的な文脈で何らかの「ワークショップ」と呼ばれる集まりに参加したことのある読者であれば、いくつかの〈モノ〉を思い浮かべることができるはずだ。ワークショップに多用されるのは、たとえば、模造紙、付箋紙、マーカーなどである。ワークショップに役立つグッズや、文具の評価（使い心地や価格、手に入れやすさなど）、海外事情の紹介など、ウェブを検索してみるとさまざまな実践事例とともに、道具に関する記事もたくさん見つかる。具体的な利用体験などをふまえた内容も多く、ワークショップに必要な〈モノ〉に関する知識・知恵も確実に流通している。

ひな形とデザイン

ワークショップに必要な〈モノ〉と同様に、ワークショップの全体を企画・運営するためのノウハウについても、情報交換・情報共有がすすんでいる。言うまでもなく、時間・空間を整備し、必要な道具を揃えただけでは何もはじまらない。ワークショップの現場は、その目的や内容によって多様なスタイルで考案されるからである。そして、「グラフィック・ファシリテーション」にかぎらず、さまざまなスキルを組み合わせて、「全体として」ワークショップが成り立つのである。その意味で、ワークショップは、現場の諸条件にも左右されながら、一つひとつがユニークな実践であるという理解が重要である。つまり、たとえ実践経験者の間で評価の高いスキルや道具であったとしても、それらを単純に寄せ集めただけで、ワークショップが実現するわけではないということだ。また、複数回のワークショップによってプログラムが構成されている場合には、回数を重ねるごとに、参加者はワークショップでのふるまい方を学んでゆく。必要に応じて、こうした学習効果を念頭に置きながら微調整を行う必要もあるだろう。

広い意味での「ファシリテーション」は、現場の雰囲気づくりにも関わっている。たとえば、ワークショップに「アイスブレーキング（アイスブレーク）」と呼ばれる活動が組み込まれることがある。「アイスブレーキング」は、文字どおり「(人と人とのあいだに横たわる）氷を溶かす」ための活動で、初対面でお互いをよく知らないどうしの参加者たちをリラックスさせ、緊張感が漂いがちな場の雰囲気をときほぐすために行われるものだ。私たちにとって馴染みのある名刺交換や(会の冒頭で行う）自己紹介のように、ワークショップの導入部分に組み込まれることが多い。ウォーミングアップという意味でも、重要な役割を果たす。「アイスブレーキング」は、簡単なクイズやゲームのようなものから、身体を使うものまで、さまざまな形で実践されている。目的や所要時間などに応じて、使い分けられるように、さまざまな「アイスブレーキング」の手法をまとめて紹介する書籍も多数出版されている

（たとえば、青木 二〇一三、今村 二〇〇九、二〇一四、田中ほか 二〇一四、森 二〇〇八など）。

また、ワークショップの実施にあたって、事前に、参加者にドレスコードの連絡が届けられる場合もある。たとえば、「当日は、ピンク色を身に纏って来てください」と指定されると、全身ピンク色の装いで現れる人もいれば、スーツの胸のポケットからピンク色のスカーフがのぞいているだけという人もいる。実際の開催日に先立って、服装を考えるところから、緩やかにワークショップがはじまっていると言ってもいいだろう。些細なことのようだが、ドレスコードを設けるだけで、実際にプログラムが開始する時点で、すでにある種の一体感が醸成されている。また、どのようにドレスコードという「お題」に応えたか、まさに装いを見ればわかるので、一人ひとりの性格をうかがい知る手がかりにもなる。

食べ物や飲み物が、人びとをリラックスさせ、コミュニケーションを促すことも知られている。模造紙や付箋などと同じように、ペットボトルや紙コップ、袋菓子などもワークショップのために準備すべき〈モノ〉のリストに加えられる。たしかに、お茶を飲みながら、スナック菓子をつまみながらという状況になると、私たちの多くは気楽になる。わずかな「お菓子代」があるだけで、ワークショップの雰囲気を変えることができる。いっぽう、さらに大がかりな演出が行われる場合もあるようだ。ドレスコードと統一感をもたせて部屋が飾られ、まるでパーティーのような設えのワークショップが開催されることもある。いずれも、広い意味での「アイスブレーキング」の一環だと考えられるだろう。参加者たちの緊張感を取り除いたり、あるいは気分を高揚させたり、物理的な状態のみならず、心のありようも少し変えて、ワークショップに向き合ってもらうための工夫である。

いま簡単に述べてきたように、ワークショップはその内容や目的に応じて、空間の演出やファシリテーションに関わる工夫とともに、さまざまな形式で実施されるようになった。二〇一三年に『ワークショップデザイン論』（山内ほか）が刊行されたのは、こうした一連の動向を反映していると理解することができる。ワークショップの理論にかかわる議論や実践報告がある程度蓄積され、得られた知見をとおして、ワークショップをデザインするための方法を体系化しようと試みているからである。つまり、ワークショップは、デザインされるべき対象として認知されるようになったのだ。同書では、ワークショップデザインの過程を「企画」「運営」「評価」のサイクルから成り立つものとして形式化している。環状のサイクルは、ワークショップのデザインを試みる活動自体が、ひとつの経験学習の過程として理解できることを示唆している。ワークショップを企画・運営し、その評価をもとに、次なる実践に向けてワークショップそのものが精緻化されてゆく。これは、同書のサブタイトルに示されているとおり「創ることで学ぶ」ということだ。

職能としてのワークショップデザイナー

「ワークショップ」ということばは、さまざまな領域で使われている。それは、まさに「ワークショップの分類」で示唆されていたように、すでに実施されていた「ワークショップ的」な活動を包含する形で拡がったと言えるだろう。コンセプトがある程度普及すると、そのノウハウや手法が形式化され、「デザインされるもの」として受容・普及がすすむ。そして、その手続きや作業を担う「ワークショップデザイナー」を育成しようという流れが生まれている。これは、ある重要なコンセプトを啓蒙し、社会に根づかせてゆく過程として、ごく自然なことかもしれない。「ワークショップ」にかぎらず、さまざまな概念は、私たちがある秩序をもって「世界」を把握し、関連する領域とのつながりを理解するのに役立つ。

近年の動きとして、とくに注目しておきたいのは、ワークショップが社会的に認知され、受容がすすむとともに、ワークショップに関わる職能も生まれつつあるという点だ。たとえば、青山学院大学と大阪大学は、二〇〇九年に「ワークショップデザイナー育成プログラム」という協同事業をスタートさせている（二〇一〇年には、鳥取大学でも同じプログラムが開講されている）。同プログラムは、三か月をかけてワークショップにかんする理論と実践を学ぶもので、一二〇時間の講座を受講すると、（学校教育法にもとづく）「履修証明書」が発行される。ここで言う「履修証明」は、平成一九年の学校教育法改正によって創設・施行されているもので、既設の科目等履修生制度や公開講座等ではなく「より直接的な社会貢献」のための仕組みとして位置づけられている。学生を対象とする「学位プログラム」（単位要件を満たすと学位を授与）ではなく、社会人に向けた「履修証明プログラム」（一二〇時間以上の受講で履修証明書を発行）である。

また、二〇一一年には「特定非営利活動法人 ワークショップデザイナー推進機構」という組織も設立されている。同法人は、上述の「ワークショップデザイナー育成講座」の「修了生による修了生のための組織」である。「ワークショップデザイナー育成講座」の修了生(履修証明書取得者)で、ワークショップデザイナーとして一年以上の実績がある者を対象に、資格認定を行う。資格は「一般財団生涯学習開発財団認定ワークショップデザイナー」となる。

この資格認定に関わっている「一般財団生涯学習開発財団」は、文部科学省所管の財団で、一九八三年に設立された。「仕事を創出する資格」であることを条件に、企業・団体などが独自に行う資格認定に第三者として関与し、資格認定自体の信頼性を高める役割を担っている。同財団のウェブサイトを見ると、一〇〇近い認定資格が、「ビジネス分野」「ヘルスケア分野」「カウンセリング＆セラピー分野」「文化・創造分野」の四つのカテゴリーに分類されており、「認定ワークショップデザイナー」は、「認定コーチ」「認定観光地域づくりプロデューサー」などとともに、「ビジネス分野」に位置づけられている。

「特定非営利活動法人 ワークショップデザイナー推進機構」のウェブサイトでは、ワークショップは「目的」ではなく「方法」であることが、たびたび強調され、ワークショップを「コミュニティ形成のための他者理解と合意形成のエクササイズ」であるとしている。このように、ワークショップは、方法として認知度が高まるとともに、ワークショップをデザインし、さまざまな領域で実践に携わる、あたらしい職能を持ち合わせた人材を生み出そうという状況にまで広がりを持っている。

一連の学習プログラムの開講や資格認定がはじまってから日が浅いので、現時点で評価することは難しいが、重要なのは「修了証明」や「認定ワークショップデザイナー」が、何を「証明」し、何を「認定」しているかを問うことだ。後述するように、ワークショップは個別具体的な状況に合わせてデザイン、実施されるべきものであって、一つひとつのワークショップの個性が際立つことに意味がある。より多くの人に開かれた講座や資格認定は、当然のことながら、一般化への動きだと理解することができる。ワークショップが、さまざまなスキルの組み合わせによって構成されることはたしかだが、それぞれが文脈から切り離されて扱われるようになると、ワークショップという理念・考え方そのものを見失う結果になるかもしれない。

ワークショップの功罪

これまで述べてきたとおり、ワークショップという活動自体は、かねてよりさまざまな領域で実施されてきたが、十数年前から、さらに広く認知されるようになったと言えるだろう。また、近年では、ワークショップに参加するだけでなく、主体的にデザインすることへの関心も高まり、さらにはワークショップをデザインする活動が、あたらしい職能として注目を集めている。おそらく、いま私たちに求められているのは、一連のワークショップをめぐる環境の変化を批判的にふり返り、これから考えるべき論点を整理することであろう。それが、まさに『ワークショップをとらえなおす』という本書のタイトルに込められた想いである。

まず考えておくべきなのは、ワークショップをめぐるさまざまなスキルやテクニックが形式化され流通可能になったことによって、私たちのワークショップに対する向き合い方も変容しつつあるという点である。たとえば、多くの場合、ワークショップのプログラムの冒頭部分に、「アイスブレーキング」と呼ばれる活動が組み込まれることについては、すでに述べた。場の雰囲気を和らげ、気後れしている参加者を上手く誘導することは、ファシリテーターの役割として期待されることである。そのために役立つ「アイスブレーキング」にかんする方法やヒントの類いが公開・流通するようになったことは、歓迎すべきだろう。しかしながら、注意すべきなのは、「アイスブレーキング」は、その呼称が示すとおり、「参加者どうしのあいだに解かすべき氷がある」という前提にもとづいているという点だ（加藤、二〇一六）。じつは、すべてのワークショップに「アイスブレーキング」が必要であるとはかぎらないのだ。

ワークショップデザインにかんする知見が蓄積され、マニュアルやガイドラインといった形でデザインという行為が形式化されると、ワークショップを構成する、一つひとつの活動の本来の主旨や前提を確認することなく、なかば自動的に、必須の「部分」として扱うようにならないだろうか。デザインを簡便化するために提供される「ひな形」は、もちろん役に立つが、過度に頼りすぎると私たちの想像力・創造力が制限されることにもなりうる。なにより、ワークショップのデザインは、まさに現場で実践されることをとおして評価されるのだ。「アイスブレーキング」についても、実際の現場の状況しだいでは、割愛したり時間を短縮したりするほうがいい場合もある。あるいは、当初とはちがった内容や進行で「アイスブレーキング」を実施するべく、内容を差し替えることが望ましいかもしれない。こうした場合重要なのは、事前に準備されたプログラムに忠実に（頑固に）実施することではなく、コミュニケーションの流れや参加者のふるまいに応じて、（その時・その場で）内容や実施方法を即興的な判断で変更することだ。そのためには、マニュアルやガイドラインだけでは学ぶことのできない現場の知恵が必要であり、それは、ワークショップデザインに欠かせないものだ。

ワークショップデザイナーという職能についても、私たちは注意深く見守っていく必要がある。「認定ワークショップデザイナー」という資格は、いったい何を語るのだろうか。名刺や履歴書に資格として「認定ワークショップデザイナー」と記載されているとき、私たちはどのような役割を期待しているのか。また、有資格者の資質や活動内容は、誰によって、どのように評価されるのだろうか。まだ資格認定がはじまってから日は浅いが、資格と呼ぶ以上、何らかの専門的な資質の証になっているはずだ。いわゆる〈事前─事後〉という形でワークショップが評価される場合もあるが、ワークショップをひとつの学習環境としてとらえるとき、即効性があるとはかぎらない。また、「結果」や「効果」によってのみ評価されるべきものでもないだろう。そもそも、ワークショップが人びとにあたえる影響は、目に見える(観察可能な)形で表れるという保証もない。だとすれば、ワークショップデザイナーの資質についても、すぐさま実感できるとはかぎらないはずだ。デザイナーとしての認知や評価は、ワークショップのプログラムを体験した参加者たちとともに、少しずつかたどられてゆく性質のものだ。

過程に着目する

　ワークショップの多くは、コミュニケーションという活動を中心に据えた、学習や相互理解の「過程」を重視した実践である。また、ワークショップの体験をとおして人びとのコミュニケーションに対する態度や行動が変容するとしても、それは、少しずつ時間をかけて表れるはずだ。したがって、その実践の評価も（ある程度の）時間をかけて行う必要があるだろう。個別の事例に接近しながら現場をつぶさに観察し、詳細な記述をとおしてワークショップの「過程」を理解することが望ましい。また、後述するが、ワークショップは、もともと「工房」を意味するのであって、個別具体的な現場の状況を熟考し「クライアント」と密接にやりとりをしながらデザインされるべきものだ。つまり、その本質は「レディ・メイド」ではなく「オーダー・メイド」なはずだ。にもかかわらず、私たちの方法やスキルへの欲求は尽きない。ワークショップのデザインについても、またその評価についても汎用性・一般性を求めがちだ。「レディ・メイド」を求めて、マニュアルやガイドラインに頼ろうとするのだ。資格認定の仕組みが整備されるのも、ワークショップにかかわる知識や技能の平準化を求めているからだと言えるだろう。いま、ワークショップを「とらえなおす」にあたって、こうした汎用性・一般性を求める志向が、さまざまな問題意識を持った主体どうしの相互作用の所産として表れているという点に着目する視座は、きわめて重要であろう。

　さらに、社会学的観点から興味ぶかいのは、誰が（誰のために）、ワークショップにかかわる「ものがたり」を語ろうとしているのかという点である。たとえば、「高齢化社会の到来を前提に、生涯学習というより大きな課題に向き合うための方策として、ワークショップにかかわる職能を育てる」という「ものがたり」は、説得力をもつ。だが、そのいっぽうで、冒頭から述べてきたように、ワークショップは、かねてから広範な領域で実践されてきたことをふまえると、当然のことながら、別の「ものがたり」をとおして語ることもできるのだ。つまり、ワークショップにかんする考え方や実践の方法は唯一ではなく、それぞれの領域に固有な語り口を持っている。誰が、誰のために語るかによって、ワークショップの意義も必要性も、ことなる側面が際立つはずだ。つまり、ワークショップのデザインにも「流派」とも呼ぶべきものがあって、これまでに多様な「ものがたり」とともに実装・実践されてきたと考えたほうがいいだろう。

それぞれの「流派」によるワークショップのデザインは、場数が増えるとともに改良・改善を経て、安定的に実施できるように洗練されてきたもので、少なからぬ時間をかけて培われてきたものだ。そして、当然のことながら、ワークショップにかんする思想や態度をもふくむものだ。その（決して短くはない）道のりがあればこそ、「流派」は守るべきものとして認知されるようになる。「あたりまえ」を疑い、「まなびほぐし（アンラーニング）」を促すための方法としてワークショップを位置づけていながら、自分の実践そのものを批判的に評価しない（評価できない）としたら、じつに皮肉なことである。その点については、第４章で、私自身が行ってきたワークシップの実践を反省的にふり返りながら論じている。「オーダー・メイド」をくり返していると、個別具体的な現場の状況を離れて、より抽象度の高い理解が促されることもたしかだ。だがそれは、直ちに「レディ・メイド」に向かうことを意味するものではない。ワークショップが「工房」であるならば、「オーダー・メイド」という思想と態度が維持・強化されることにこそ価値がある。

また、ワークショップの「流派」が過度に意識されるようになると、その正統性をめぐる議論が生まれる。どのやり方が正しいのか。どのようなワークショップが効果的なのか。ここでも「結果」や「効果」による評価をしがちなことにも注意が必要だろう。もちろん、ワークショップへの参加体験が増えると、参加者という立場から、ことなる「流派」を比較することもできるようになる。評判は口コミやネットなどもふくめて、すぐさま拡散する。「あのやり方はよかった」「あの人がデザインしたワークショップは、よくできている」など、好き嫌いのレベルで議論されているうちは問題ない。「オーダー・メイド」の際に、どの仕立屋をえらぶかという話だからである。だが、それはやがて「正しさ」や「実用性」「学習効果」など、まさに、人びとがワークショップに何を求めているかに応じて理解され、評価されるようになる。

メディアとしてのワークショップ

私たちが日常生活について理解しようとするとき、大きく二つの道筋を考えることができる。まず、自分のごく身近にある具体的な〈モノ・コト〉から発想するやり方である。日常生活におけるさまざまな体験は、一つひとつがユニークである。とくに目の前で起きていることであれば、「自分ごと」として考えることができる。目の前にある〈モノ〉であれば、実際に手に取って、その感触や成

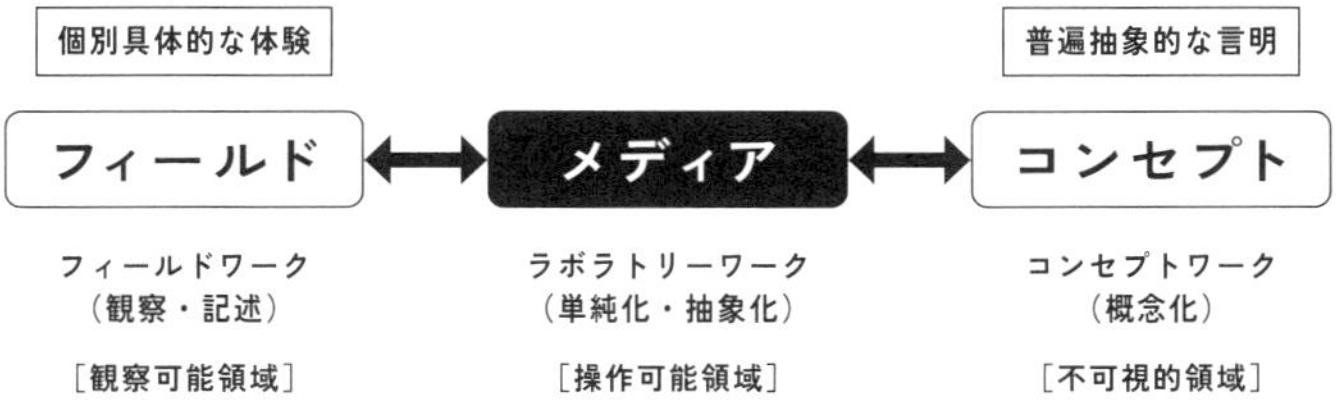

図Ⅰ-2　実験的な環境としてのワークショップ

り立ちについて、自分のことばで語ろうとすることもできる。実体験であればこそ、説得力を持つ。ナイーヴな感想や印象のようでも、それは現場のようすを鮮明に映している。もちろん、人の気持ちや感情は目に見えないが、何らかの形でことばや行動に表れるはずだ。自分に近しい事柄であれば、（目に見えなくても）状況を細やかに察することができるだろう。

　こうした個別具体的な体験について理解を深めるためには、広い意味でのフィールドワークが大切な役割を果たす。フィールドワークでは、観察可能な〈モノ・コト〉の個性にできるかぎり接近し、詳細な記述を試みる。加えて、インタビューなどの手法を使えば、個別具体的なエピソードについて、さらに理解を深めることができるだろう。

　いっぽうで、概念的な（あるいは辞書的な）定義から、理解を試みるやり方もある。私たちが、これまで馴染みのなかったことばに出会ったとき、その意味を調べるのは、ごく自然なふるまいだろう。最初に前提となる知識や定義があたえられたほうが、不安を感じることなくその先の学習に意欲的になれる場合も少なくない。「ワークショップ」について考えるときも、たとえば上述の「講義など一方的な知識伝達のスタイルではなく、参加・体験して共同で何かを学び合う／創り出す、新しい学びと創造のスタイル」（中野、二〇〇一）という定義があれば、それを手がかりに、ことばの意図する内容や関連領域について考えることができる。当然のことながら、一般的な概念の理解がすすむと、その背後にあるさまざまな思想や理論についても関心がおよぶ。

概念を学ぶには、コンセプトワークが必要だ。基本的な用語や主要な人物、関連する領域がどのような状況にあるのか、その概要を把握しておくことが重要だ。大まかであっても、全体像を理解していれば、自分自身の位置づけ（ポジショニング）もはっきりする。

私たちは、個別具体的な体験と普遍抽象的な言明とのあいだを行き来しながら、〈モノ・コト〉の理解を深めている。つまり、これらの二つの理解の方法は、どちらかをえらぶという性質のものではなく、相互に関連している。したがって、状況に応じて、その都度適切な道筋がえらばれると考えたほうがよいだろう。現場での活動が多い場合には、一連の体験を束ねて、より抽象度の高い概念で自分の活動やその成果について語ることが大切だ。いっぽう、理論志向が強い場合には、取り扱っている概念を、身近な文脈に適用しながら考えることが求められる。つまり重要なのは、普遍抽象的な言明と個別具体的な体験とをつなぐことである。ことば（概念）と、自分にとって具体的な体験とが結ばれたとき、それは身体的な理解に変わるからだ。

たとえば「住民参加型のまちづくり」に関する本を何冊読んでも、あるいはセミナーに何回出席しても、実際に「住民参加」と呼ばれる活動の難しさや愉しさを実感することは難しいだろう。逆に、実践の現場に通うだけでもふじゅうぶんである。自らの体験を他の状況に置き換えて語るために、概念的な整理をしなければ、現場に直接かかわりを持たない第三者に活動の意義をわかってもらえないからだ。つまり、私たちの個人的な体験を形式化・言語化しようという動きと、概念をごく身近に実感できる〈モノ・コト〉の文脈に位置づけるという試みを、絶えずくり返すことが重要なのである。

では、どのようにすれば、普遍抽象的な言明と個別具体的な体験とのあいだを往復できるのだろうか。冒頭で紹介した「土地利用ゲーム」という学習環境を頭に浮かべると、わかりやすいだろう。「土地利用ゲーム」は、架空の状況ではあるが、自らの身体を使って状況にかかわるという体験をとおして、立地論と呼ばれる一連の理論体系と、現場における実践を結びつける役割を果たす。ゲームとして単純化され、操作可能な思考実験（実際に手を動かしてゲームに参加するという意味では、試行実験）の場が、理論と実践との橋渡しをする。

このようにワークショップは、個別具体的な体験と、普遍抽象的な言明との橋渡しをするメディアとしての役割を担うと考えることができる。図では、フィールドワークやコンセプトワークに対して、ラボラトリーワークということばを充てている。ラボラトリー、つまり「実験室」は、さまざまな外部環境のふるまいから隔離されたものではなく、広い意味でとらえている。「社会実験」ということばがあるように、ここでいうラボラトリーは、向き合うべき現場や問題状況を理解しやすいように単純化、形式化を試みる場を指している。メディアとしてのワークショップの特質については、第2章の後半で述べることにしたい。これが、本書におけるワークショップの位置づけである。ワークショップという場づくりの方法だけを議論するのではなく、まさにメディアとしての機能や特質について議論することを目指している。

第2章　ワークショップと学習

1　学習環境のデザインに向けて

「学習転移」モデル

「状況に埋め込まれた学習（正統的周辺参加）」で知られるジーン・レイヴは、「教育の学校化」について、「学習転移モデル」を用いて説明している(長岡、二〇〇七)。「学校化 (schooling)」は、イヴァン・イリッチの『脱学校の社会』（一九七七）をとおして知られるようになったことばである。たとえば、イリッチは以下のように述べている。

過程と目的の区別があいまいになると、新しい論理がとられる。手をかければかけるほど、よい結果が得られるとか、段階的に増やしていけばいつか成功するとかいった論理である。このような論理で「学校化」(schooled)されると、生徒は教授されることと学習することとを混同するようになり、同じように、進級することはそれだけ教育を受けたこと、免状をもらえばそれだけ能力があること、よどみなく話せれば何か新しいことを言う能力があることだと取り違えるようになる。彼の想像力も「学校化」されて、価値の代わりに制度によるサービスを受け入れるようになる。
(邦訳:p.13)

この一節は、学校という制度がとても精巧にデザインされていることを示唆している。というのも、私たちは、ひとたびこの制度を受け入れると、そのもとでの人間関係のあり方やさまざまな手続きを「あたりまえ」だと考えるようになるからである。私たちの物理的なふるまいのみならず、心理的な構造をも変容させ、さらに疑いようのないものとして、日常生活にとけ込んでいるのであるから、制度のデザインという観点からは、きわめて完成度が高いと言えるだろう。さらに言えば、私たちは「学校」ということばから、「教室」「宿題」「試験」「成績」「評価」「合格・不合格」など、連鎖的にさまざまなことばやイメージを想い浮かべることができる。それは、学校という制度の訴求力、浸透力が強いことの表れである。重要なのは、「あたりまえ」を疑うことさえない、強力なデザインであるからこそ、あらためて、その構造や性質について考えてみるということだ。

ジーン・レイヴは、図2－1のように「知識創造(Invention)」「知識伝達(Transmission)」「知識

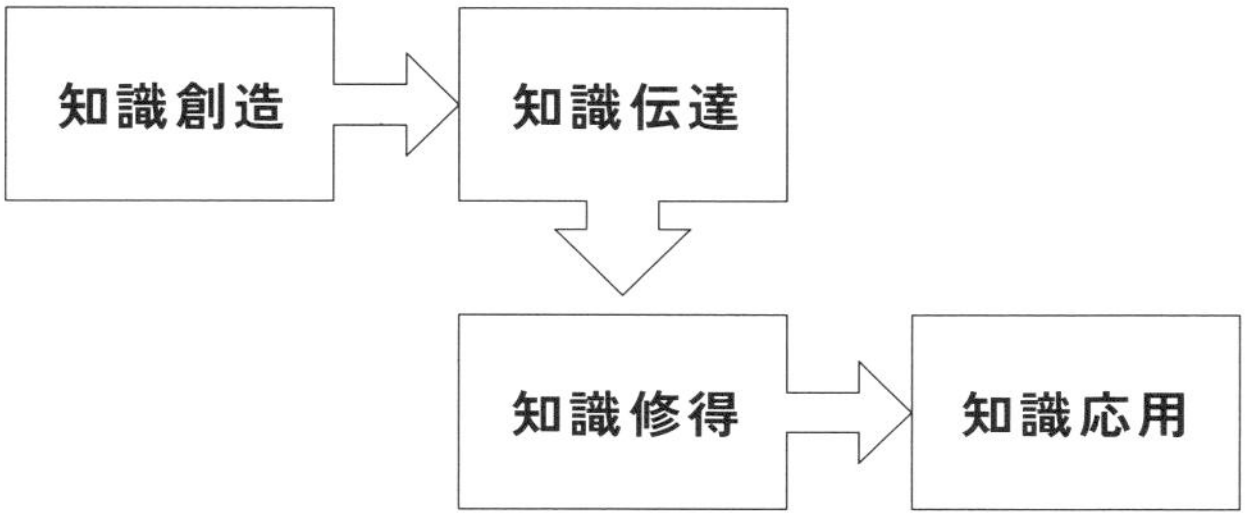

図 2-1　レイヴの学習転移モデル　長岡(2007)をもとに作成

修得（Internalization）」「知識応用（Transfer）」という四つの段階によって構成される学習過程を「学習転移モデル」として説明する。（図は長岡、二〇〇七にもとづいて作成）

図の矢印で示されたとおり、まず研究者や教員が、伝達可能な知識を創造し、何らかの教育プログラム（授業）のなかで、学習者に伝達する。学習者は知識を受け取り、各自の現場で応用を試みる。こうした一連の流れで、「学習転移」が実現するという理解である。レイヴは、大学におけるカリキュラムが、こうしたモデルにもとづいて構築されてきたことを批判的に指摘する。図を見ると、このモデルで形式化される学習過程は、いくつかの意味で「分業」を成り立たせていることに気づくだろう。

まず、図の上下を対比させながら大学における学習環境を考えてみると、多くの場合、上側は教員が、下側は学生が担うものとして理解されていると言えるだ

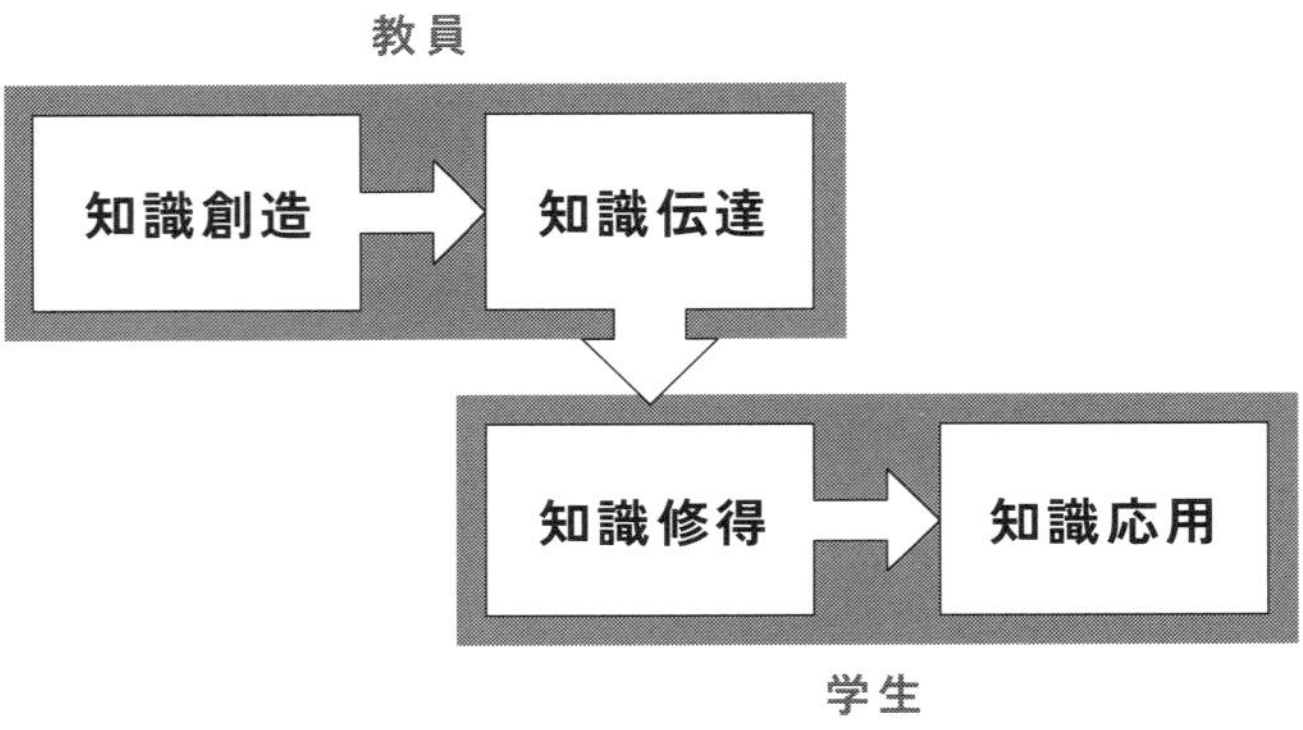

図 2-2　教員と学生による分業

ろう。教員は、講義に先立って準備を行い（知識創造）、講義や演習をとおして知識の伝授を試みる（知識伝達）。近年、大学で提供されている講義内容や学期（あるいは年間）の授業計画は、シラバスという形で形式化されている。それは、講義の全体像を示すとともに、毎回の講義でどのような内容が伝達されるかについての「約束事」として扱われている（なかには、シラバスを「契約書」と呼ぶ教員もいる）。つまり、伝達されるべき知識は（ひとまず）言語化されて明示されている。

いっぽうの学生は、履修案内や時間割を参考にしながら学修計画を立てて、講義に臨む（知識修得）。そして、ある一定の時間分の講義を受け、試験やレポートなどでその成果が認められると、それに応じて単位が認定されるという仕組みだ。大学における単位認定は、文部科学省による「大学設置基準」によって定められていて（単位については第二〇条第二項）、内容や開講形態によって、運用にちがいはあるものの、基本的には「一単位の授業科目を四五時間の学修を必要とする内容をもつて構成すること」としている。つまり、学生が（前期・後期の二学期制のカリキュラムにおいて）半期に二〇単位を認定されるためには、単純に計算して九〇〇時間の学修が必要になる。これを半期・一五週間という学事日程を前提に考えると、一週間に六〇時間は学業に勤む（はずだ）という計算になる。日曜日を「休み」にして、週六日で考えると、一日に一〇時間は大学の勉強のために充てなければならないことになる。

残念ながら、学生たちは、（日曜日を除く）月曜日から金曜日まで、毎日一〇時間も勉強しているようには見えない。というより、食事や睡眠の時間、多少のアルバイトや趣味のための時間を考えると、そもそも一日一〇時間というのは現実的ではないのかもしれない。だが実際には、この「基準」を前提に、さまざまなかたちで運用上の工夫や調整が行われているということだ。いずれにせよ、大学という学習環境を成り立たせているのは、学習の過程を時間数に換算し、進捗を数値で把握する仕組みである。学生たちは、学籍番号という記号と数字に置き換えられ、修得した単位の累積数によって管理される。学生は、一連の「履修要項」に従って所定の単位を修得すれば、学士号があたえられる。すべてが「基準」によって精巧に組み立てられているので、学士号という目標に到達するための行程も、そのための要件も明示されている。

（善し悪しはともかく）こうした緻密なデザインをとおして、私たちは、所定の要求水準に届くことを目指してふるまうようになる。ある一定の水準を充たしていればよいという発想は、「効率的」

だと言えるかもしれないが、それは、より負担の少ない道筋をえらぶことにつながる。一単位を修得するのに必要な時間が一定なのであれば、その時間をできるかぎり楽に（負担を軽減しながら）過ごそうとするのは、ごく自然なことだろう。というより、単位数を決めているのは、たんに消費される時間であって、極端なことを言えばどのような過ごし方をしているのかについては問わないのだ。そのいっぽうで、私たちは、時間が経つのを忘れて何かに没頭した経験があるはずだ。いつまでも続けていられるような活動の場合には、たんに経過した時間の長さだけではなく、熱中度のような観点から理解を試みることも重要だろう。だが、「学校（大学）」という制度は、時間（消化時間・消費時間）を物差しにしながら学習の「成果」を取り扱えるような（取り扱えるかのような）仕組みとして、広く浸透している。

ここで注意しなければならないのは、たとえば九〇分ずつ、一五週間にわたって学ぶというスタイルそのものが、知識の分節化・細分化を前提に成り立っているという点である。標準的な大学の講義を想定すると、この「学習転移モデル」における「知識創造」は、ある知識体系を一五個の部分に分けることで実現する。もちろん、ひとつの体系を理解するためには、段階的に学んだり、さまざまな観点から分析的にとらえたりするのは当然のことだ。たとえば大学生のテキスト向けに編纂された書籍の目次を見ると、一五の章で構成されていることがある。おそらく、この章立てと、学期中の講義の回数とは無関係ではない。もっともわかりやすいのは「放送大学」のテキストであろう。市販されている各科目のテキストには、一五個の章見出しが並んでいるはずだ。そもそも一五回で完結する講座なのであるから、そのための教科書や副読本が、講座の成り立ちを反映しているのは当然のことかもしれないが、重要なのは、それは大学のカリキュラムという「知識伝達」の仕組みに合うように、便宜的に採用されている構成にすぎないということだ。

つまり、ある知識体系にかんする私たちの理解は、その内容の特質にかかわらず、（慣れ親しんだ）伝達方法によってかたどられているのである。当然、「割り切れない」こともある。分野によっては、制度的に要求されているとおりの形式に沿うように、講義の流れを設計することが難しい場合もあるだろう。無理があると、結局は実践の現場に影響がおよぶ。当初の「授業計画」どおりに進行しない場合は、「積み残し」の分は次の回へと持ち越される。学期の後半は、（慌ただしく）表面的な説明をするだけになったり、「あとで教科書を読んでおいてください」というように扱われたりもする。

大学の講義として、一五回分に分けられた知識を順番に修得していくというやり方で開講せざるをえないとすると、重要なのは、細片化されたそれぞれの知識どうしの関係を理解することだと言えるだろう。つまり、一五回分の講義に何らかの秩序をあたえる、ひと筋の「ものがたり」が求められることになる。

現場への接近

ところで、「知識創造」と「知識伝達」は、それぞれ別の役割として位置づけられていることも少なくない。つまり、(言うまでもないことかもしれないが)知識の創造と伝達は、別々に扱うことができるということだ。私たちの周りにはさまざまな論文や書籍、調査研究の実践報告、さらには教材やツールが流通している。ネットワーク環境を前提に考えれば、いまでは多くの情報やデータが比較的容易に手に入るようになった。そのため、たとえば知識の伝達を担う教員(講師)は、すべての知識を自分で創る必要はない。そもそも、先人たちによる知的業績は、大いなる時間のなかで蓄積されてきたものだ。むしろ、自分以外の誰かが創った知識を収集し、必要な形で編集する能力が求められていると言えるのかもしれない。ジェームス・ヤングが『アイデアのつくり方』(一九八八)のなかで指摘するように、アイデアとは「既存の要素の新しい組み合わせ以外のなにものでもない」のであるから、「知識創造」は、データの収集、加工、表現といった広い意味での編集作業として理解することができるだろう。

いずれにせよ、体系的にまとめられた知識は、流通可能な形で、私たちの手に届くところにある。(信憑性などもふくめた)「質」はともかく、さまざまな情報やデータは検索可能な形であふれている。少なくとも、その「量」にかんしては、私たちの頭を肥大化させているほどだと言えるだろう。こうした状況も、私たちが知識を「創造すること」と「伝達すること」に分離して考え、「分業」をさらに促進するようにはたらいている。つまり、知識の形式化がすすめばすすむほど、私たちは、知識をどこかに「ある」ものだととらえがちになるのだ。

したがって「知識伝達」は、すでにどこかに「ある」知識を伝える役割になることが多い。

通常は、「引用」という作法をとおして、さまざまな知識を参照するが、「知識創造」の現場に実際に居合わせることがない（居合わせることができなかった）という意味では、文脈にかかわる情報から切り離されることにならざるをえない。とりわけ、いまや「コピー・アンド・ペースト」が容易な環境にあるので、原典に直接触れる「引用」ではなく、「孫引き」（さらに「曾孫引き」）が増えればなおさらのこと、「知識創造」の現場は、私たちからさらに遠ざかることになる。当然、「コピー・アンド・ペースト」がくり返されるうちに、誤りがあったり改変されたりする可能性もある。

　ダニエル・ピンクが『ハイ・コンセプト』（二〇〇六）のなかで指摘していたように、さまざまな情報やデータが流通し、誰もが容易に入手できるようになると、情報そのものの価値は下がってゆく。同書の邦訳が刊行されてから一〇年経って、私たちは、まさに予見されていた状況に向き合っていると言えるだろう。つまり、検索可能なデータだけでは有意味な情報とはなりえず、選別や組み合わせ、表現によって、何らかの秩序があたえられたときに、私たちは驚きや発見を実感する。「議論」から「ものがたり」へというあたらしい感性への転回は、つまりは、私たちの編集力がますます問われてゆくことを意味する。対価が生じない形で、データを入手できる仕組みも考案されているが、手軽にアクセスできるからこそ、その収集、分析、可視化の手続きについて熟知することが求められる。

　すでにどこかに「ある」知識を援用するにせよ、結局のところは「知識伝達」のためには丁寧な編集作業が求められている。たとえば講義の場合、どのように「ものがたり」を組み立てるかという、話の構造にかんする編集であると同時に、情報の可視化や表現をもふくめた講義資料や教材等の編集を行うことになる。さらに言えば、第三者にも使われることを想定して、加工しやすい形で流通させることも求められる。「ものがたり」を綴る編集力を鍛える上で、あらためて見直さなければならないのは、直接体験の意義だ。すでに「ある」データを扱う、分析や表現の技法ばかりではなく、たとえわずかであっても、フィールドワークやインタビューなどをとおして、自らの感性で現場に触れておくことが、きわめて重要である。

時間的な隔たり

また、図中下段の「知識修得」と「知識応用」とのあいだに隔たりがある点にも着目しておいたほうがいいだろう（図2－3）。この場合は、時間的な隔たりである。先ほど、下段はもっぱら学生の役割として理解されていると述べたが、同じ学生であったとしても、それぞれの学習過程の段階を、実体験として（身体的に）理解するタイミングがことなるのが一般的だ。その意味では、知識を修得した後、その応用を試みるのは「もう一人の自分」「未来の自分」だと言えるだろう。（一五回で構成される）講義そのものは、学期の区切りで（ひとまず）終了するので、修得した（であろう）知識を、現場で適用・応用しようと試みるのは、講義が終わった後になることが多いのが実情だ。

大学のカリキュラムとして見ると、伝達した知識が修得されたかどうかは、一連の講義後にテストやレポートなどで確かめるだけで、実際に現場に適用されたかどうかを確認することは、構造的に難

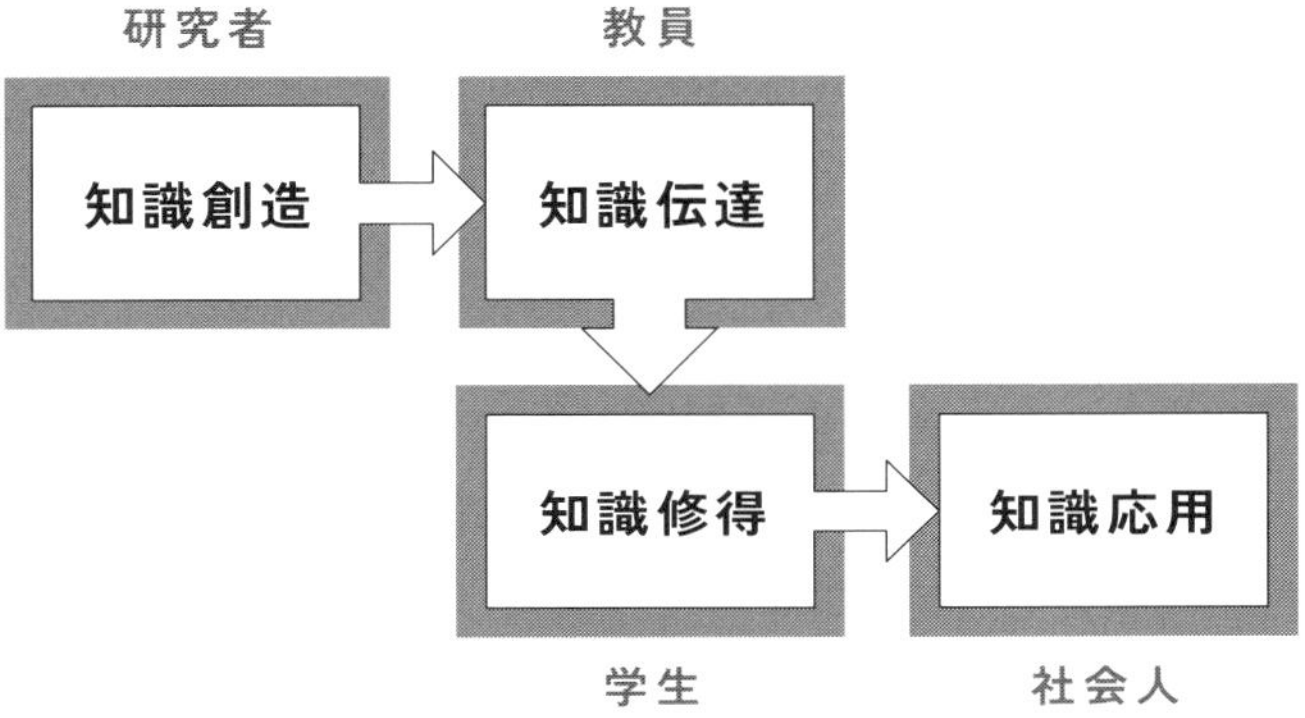

図 2-3　時間による学習環境の分節化

しい。教員としても、ある体系を教えること（つまり、一五回の講義を終えること）に注力しているだけでも、それなりに労力を使い、達成感も味わう。なにより、講義をとおして伝達した知識が、適切に応用されているかを確認したり評価したりするところまで責任を負うと認識しているとはかぎらない。極端なことを言えば、こうした「学習転移モデル」によってもたらされる「分業」によって、教員は講義後のことについては、さほど考える機会がないのだ。というより、学期が終わるやいなや、（急かされるように）次の学期の準備がはじまるため、良くも悪くも切り替えが早くなる。大学の講義は、諸々の学事日程のなかに埋め込まれており、それは、実際の現場での教授法や、学生たちの学習の進度とはちがったリズムとスピードで動いていることが多い。

受講後の「知識応用」について、大学が、さまざまな形で学生の履修傾向や学修スタイルについて調査をすることはあるが、それぞれの科目の成績（ＧＰＡと呼ばれる成績評価値）や単位取得状況を追跡するくらいだ。テストやレポートは、もちろん学生たちの理解度や成長を知るために有用な方法だが、いわば瞬間的に記憶の残存率を確かめるだけでは、「知識応用」の現況を適切に理解することは難しいだろう。ゼミのような開講形態で、一人の教員が継続的に「学習転移」に向き合うことは可能だが、それでもせいぜい数年間に留まるものだ。「知識修得」を経て、「知識応用」という段階に移行するまでには、（内容によって差はあるものの）時間的な隔たりがある。つまり、大学で修得した知識が、実際に何らかの形で「活きる」かどうかを確かめる機会が、在学中に訪れるとはかぎらないのだ。場合によっては社会人になって、しばらく時間が経ってから、（大学で学んだ内容の）応用・適用の可能性を実感できるのかもしれない。

「あのとき先生が言っていたのは、こういうことだったのか」と、学生時代に講義で聞いた話を、ずいぶん後になってからふり返った経験はないだろうか。自分が直面する現場のなかで、ふと昔のことが思い出されて、妙に合点が行くような体験だ。私たちの学習は、終わることがない。そして、私たちが学んだはずの知識は、すぐさま応用可能な形で表れるとはかぎらない。知識を修得した文脈と、それを実感し、身体的に理解する文脈が、時間的に隔てられていることはめずらしくない。いっぽう、「大学で学んだことなど、社会に出て役に立たない」という言い方を耳にすることもある。これは、「知識伝達」や「知識修得」の場において、その内容が将来的にどのような拡がりを持ちうるのかについて、じゅうぶんに想像できていないことの表れである。「知識伝達」のやり方を改善したり、

「知識修得」の方法や態度を変えたりすることによって、「ものがたり」を想起する能力を育むことができれば、時間的な隔たりを、多少なりとも乗り越えることができるはずだ。

空間的な分断

九〇分の講義を一五回くり返すというカリキュラムの構造が、必然的に私たちの知識の分節化・細片化をもたらすことについてはすでに述べた。「学習転移モデル」は、私たちの時間の使い方のみならず、空間のあり方について考える上でも示唆に富んでいる。図2－4は、これまでに見てきた図とほぼ同じだが、今度は上下ではなく左、中央、右の三つに場合分けをして考えるためのものだ。

これまでの議論からも明らかなように、現行の大学のカリキュラムにおいては、多くの場合、「知識伝達」と「知識修得」は、大学構内（教室）で行われる。つまり、空間の利用形態についても、時間割という仕組みとともに綿密に調整されている。学生たちは、時間割で指定された時刻になると、「知識修得」のために、決められた教室に集まる。教員もまた、出講日・時限の情報とともに、時間割のなかに位置づけられている。その時間割は、科目数、教員数、学生数、さらには教室の広さや空間的な条件（什器や付帯設備など）を勘案し、緻密に設計されている。さまざまな要件を考慮しながら調整が行われ（それには多大な文書の作成や電子メールのやりとりが伴うことは容易に想像できる）、その結果として学期中の毎日が淀みなく動いているのだから、まさに、時間割や学事日程を維

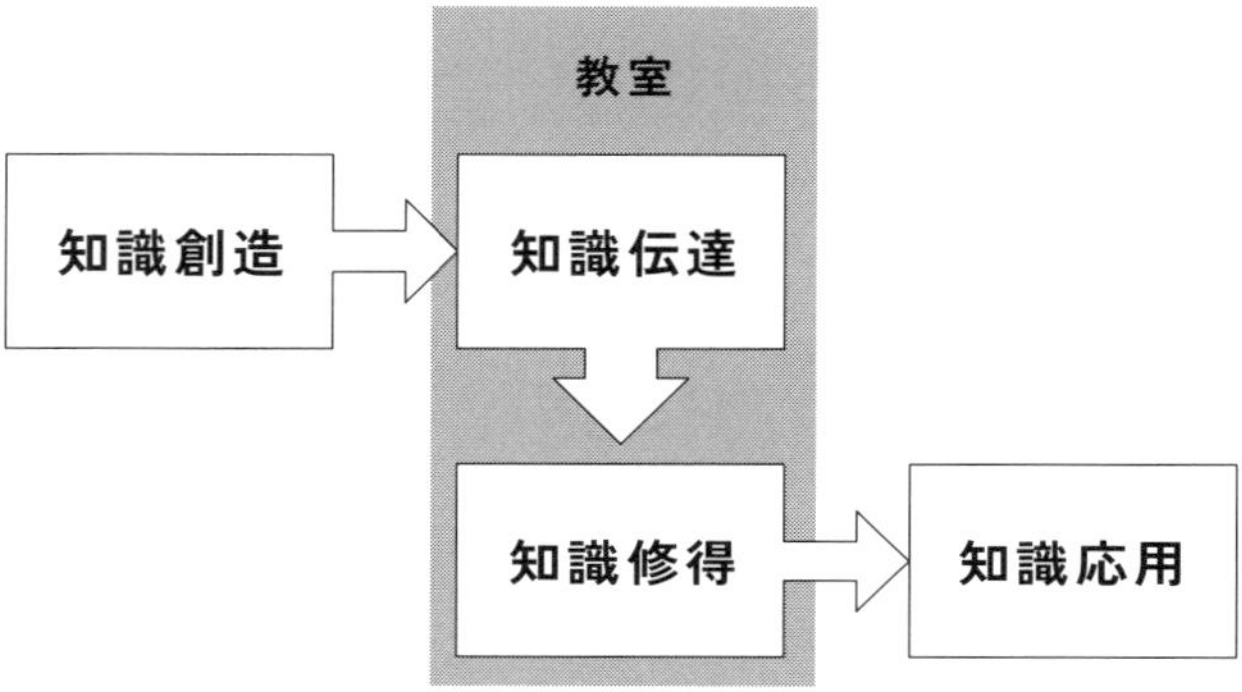

図 2-4　空間による学習環境の分節化

持するといういとなみ自体は、（大学にかかわるさまざまな立場の関与者による）大規模な共同作業だと言えるだろう。

かくして、私たちの「知識修得」のための場所は、時間のみならず、空間的にも分節化される。講義と講義のあいだに設けられている「休み」時間は、教室から教室へと慌ただしく移動するために使われ、つぎの時限に受講する科目のために、穏やかに気持ちを切替えることは難しい。ただでさえ、それぞれの知識体系が細片化されているのに加え、それぞれの講義科目の配列は、学生一人ひとりの履修計画によってことなっている。つまり、たとえばフランス語の実習のあとで、すぐに情報処理の講義を受け、続いて日本経済について学ぶといった具合に、とりわけ大学における初段階の年次は、「幕の内弁当」的に、さまざまな科目が混在する時間割で学ぶことになる。そのままでは、ひとつの科目としての体系的な理解の一助となる「ものがたり」を、わかりやすく理解することは難しい。

学生たちは、九〇分ごとに頭の切り替えを求められ、しかも、科目と科目とのあいだに有意味な関係を見いだすことができない場合が多い。こうした断片化を前提とする時間割で学ぶのに慣れてしまうことで、私たちの知識観もが変容する可能性がある。図が示唆するように、「知識創造」は教室以外の場所で行われることが多い。大学の教員が講義の準備をするのは、多くの場合、大学の研究室や他の仕事場であろう。あるいは、仕事と直接は無関係の場所で、不意にあたらしいアイデアを思いつくこともあるはずだ。既存の知識体系で、流通可能な形になっていれば、それは研究室や図書館、あるいはネットワークを介してアクセスすることもできる。その意味で、伝達されるべき知識が創造される過程は、「知識伝達」が行われる場所（つまり教室）からは見ることができない（そもそも時間的にも隔離されている）。じつは、知識を創造する過程は、秩序があるというよりは、むしろ混沌としている。とりわけ個別具体的な〈モノ・コト〉に近づきながら状況を理解しようと試みるとき、予期せぬ出来事に遭遇することは少なくない。にもかかわらず、シラバスには一五回分の講義タイトルが整然と記載され、教科書の章立ても同様の構成である。したがって、教室で伝達される知識があらかじめ、いくつかに分節化・細片化されたものとして扱われるのは、むしろ自然なこととして理解されるはずだ。

学生たちは、教室という空間で知識を修得する（知識を伝達される）が、それを咀嚼したり、適用・応用を試みたりするのは、（教室以外の）別の場所だ。すでに述べたとおり、時間的な隔たりもある。

つまり、「学習転移」における「知識修得」と「知識応用」は、本来、空間的・時間的な隔たりを前提として理解するべきものなのだ。「知識修得」と「知識応用」とのあいだに、適切な関係性を想い描く想像力がないと、私たちは教室での学習の成果が、即座に応用可能であると錯覚してしまう。それは、（分野を問わず）私たちの学習過程は、短期間で目に見える効果が表れるものだという、一面的な理解を醸成する。同時に、「知識修得」の直後に、学習の「結果」や「効果」を求めるだけで満足してしまう姿勢をも育む。教育制度という文脈においては、学生たちはつねに成績で評価される。そのため、学生たちが「学ぶ」という行為は、よい成績を求めて、試験やレポートでその（一時的な）理解度を示すという作業になる。修得した知識が、将来の自分とどのように接続しうるのかについて想像力をはたらかせることは、よい成績を取ることとは別の行動として理解されてしまうのだ。

2　ワークショップの可能性

メディアの活用

いま述べたとおり、私たちの学習過程は、時間的にも空間的にも断片化される傾向にある。そのためか、学生たちは（もちろん学生たちにかぎられたことではないが）、日常生活におけるさまざまな場面を、別々に分けて考えることが多いようだ。それは単純化の試みであるから、おそらくそのほうがわかりやすいし、結果としてストレスも少ないのかもしれない。たとえば、多くの学生たちは、学業のほかにサークル活動やアルバイトに時間を割いている。インターンシップ、あるいはボランティアなどの社会貢献活動に関わっている学生も少なくない。これらは、いずれも大学における講義や演習とは別の、（広い意味での）学習機会だと考えられる。しかしながら、大学のことは「大学における学習」という文脈に留めて、学外における諸々の活動と切り離しているように見受けられることが多い。もちろん、私たちがときおり「オン」と「オフ」の切り替えを強調することにも意味がある。まさに「オン・キャンパス」か「オフ・キャンパス」かというけじめをつけることが、望ましい場合もある。メリハリがあるからこそ、継続できることもたくさんある。だが、忘れてはならないのは、私たちの日常生活は、まさに学習機会の連なりだという点である。

アルバイトでの体験が、大学の授業で聞いた話をより具体的に理解するのに役立つこともあれば、逆に、サークル活動での出来事に理屈や秩序をもたらすためのアイデアが、大学の講義のなかに見いだされることもあるはずだ。つまり、制度的・構造的に私たちの学習過程が分節化されていたり、あるいは（生活にリズムをあたえるという肯定的な理由で）その制度や構造が維持されていたりするものの、さまざまな生活の場面をつなごうとする発想や試みが大切なのだ。第1章で述べたとおり、個別具体的な〈モノ・コト〉と、普遍抽象的な概念を上手く結びつけることができれば、私たちは「オン」か「オフ」かを問わず、つねに学び続ける存在であることを自覚しやすくなるだろう。

現行の大学のカリキュラムにおいては、多くの場合、「知識伝達」と「知識修得」は、大学構内の教室で行われている。そして、教室でのコミュニケーションは、伝統的にフェイス・トゥ・フェイスのコミュニケーションが基本となってきた。この二〇年ほどで、ネットワーク環境が変化し、いまではフェイス・トゥ・フェイスのコミュニケーションだけではなく、電子メールやＳＮＳ（ソーシャルネットワーキングサービス）などもふくめ、コンピューターを介したコミュニケーションも重要な位置を占めるようになっている。当然のことながら、大学の講義や演習のあり方も変容し、さまざまな場面でコンピューターを介したコミュニケーションが行われている。教室の設備や什器も、こうした変化に合わせて再構成されている。いまや、多くの教室にはプロジェクターとスクリーンが設置され、教員は「スライド」を使って講義を行うことが多い。近年、板書の良さが再認識されてはいるものの、講義はテキストのみならず、図版や動画、音声などを組み合わせる形で構成される。学生たちが向き合う課題も、文章を書くだけではなく、写真や動画など多様な表現様式でまとめるように求められることもある。また、講義案内や講義資料の配付、グループワークの進捗管理、課題の提出状況なども、ウェブを介して確認できるようになった。

メディア環境の変化は、教室における講義や演習のあり方を変えるだけではなく、私たちの時間的・空間的な制約を克服するのにも役立つ。いわゆる「遠隔授業」の可能性については、かねてよりさまざまな試みがあったが、インターネット環境を前提として、「授業とは何か」をあらためて問いなおす動きもある。大学間の単位互換や、海外の大学・研究拠点との交流を促す意味でも、ネットワークを介したコミュニケーションは教育研究活動において重要な役割を果たす。こうした期待とともに、大学設置基準における「授業」の要件も変化してきた。教員と学生との人間的な交流や細やかな指導ということになると、フェイス・トゥ・フェイスによって行われる講義や演習のほうが望ましいという議論はあるものの、「同等」の学習効果が期待できるのであれば、メディアを活用した「遠隔授業」の可能性について、積極的に考えようという機運もある。

反転授業

私たちの学習は、一回の講義で完結するわけではなく、ずっと続いてゆく性質のものだ。私たちは、（教室以外の場所でも）つねに学び続ける存在である。その意味では、授業と授業の「あいだ」の時間も重要な意味をもつにもかかわらず、シラバスや時間割は、学習過程のある瞬間をスナップショットのようにとらえた姿を際立たせる。大学という制度のなかでは、一五回の講義がくり返されるが、その「あいだ」の時間を埋めるのが、一般的に予習や復習と呼ばれる学びだ。たとえば、ある講義の時間までに、テキストの所定の部分を呼んでくるように指示があれば、学生たちは事前に準備をして臨む（ことが期待されている）。あるいは、講義の内容をふまえて、ふり返りの文章を書くように求められることもある。このように、講義の事前、事後の課題は、週に一回という開講形態によって、学生たちの思考が分断されるのを回避するための工夫だと言えるだろう。講義が終わってからの一週間、（実際に教室で対面する機会はなくても）できるかぎり次の講義のことに意識が向くように、さまざまな方法が考案されている。当然のことながら、メディア環境の変化をふまえて、「あいだ」を補完するためにオンラインのコミュニケーションを活用する動きもある。

近年、「反転授業（flip teaching/flipped classroom）」と呼ばれる授業形態が注目を集めている。もともとは、アメリカではじまった実践だが、最近では日本でもさまざまな形で導入の試みがある。これまで、教室では講義を聞いたり試験を受けたりし、教室の「外」で教科書を読んだり問題を解いたりするのが一般的なやり方であった。その活動のあり方を「反転」させるのが「反転授業」で、教室の「外」で（録画した映像を介して）講義を受け、教室では（予習にもとづいて）演習・実習に取り組むというものだ。この「反転授業」について考える際にも、私たちの学習は「はじまり」や「終わり」を同定することの難しい、動きのある過程であることに注意する必要があるだろう。事前にビデオ講義を視聴して、準備をしてから教室に向かうとはいえ、その予習そのものは、それに先立って行われた講義の復習になっている可能性があるからだ。毎回の講義内容がそれぞれ独立に扱えるように構成されていれば、授業の後でまず復習をして、ひと区切りつけてから、次週の授業の予習に臨むという理解もできるが、現実的にはひとつの（体系的な）「ものがたり」が一五回に分割されているはずなので、毎回の講義がまったく無関係で独立したものだということはないだろう。

講義のあり方を再構成・再設計するために、「反転」するのは興味深い試みであるが、知識の断片化・分節化を解消するという問題意識にもとづくものでなければ、結局のところ「教室」での活動内容が変わるだけで、講義と講義の「あいだ」を補完することはできないだろう。言い換えるならば、たとえばメディア環境をより有効に活用すれば、「反転」せずとも、知識の断片化・分節化を解消することができるかもしれない。くり返しになるが、教科を体系づける「ものがたり」によって、単元を結ぶための工夫と実践こそが求められているのである。

この「反転授業」は、より広い文脈では、「アクティブラーニング」を実現するためのひとつの方法として位置づけることができる。近年の「アクティブラーニング」への関心の高まりは、「学習転移」モデルで示されるような時間割や学事日程といった仕組みによる学習機会の分断化・分節化をいかにして解消するかという問題意識に根ざしている。たとえば溝上（二〇一四）は、「アクティブラーニング」を以下のように定義している。

一方的な知識伝達型講義を聴くという（受動的）学習を乗り越える意味での、あらゆる能動的な学習のこと。能動的な学習には、書く・話す・発表するなどの活動への関与と、そこで生じる認知プロセスの外化を伴う。（邦訳：p. 7）

ここで重要なのは、溝上も自ら著書で触れているように、「聴く」ことが、ただちに受動的な学習を意味するわけではないという点だ。受動的か能動的かという側面は、学習の方法に応じて相対的に理解されると考えたほうがよいだろう。定義の後半では、何らかの表現活動をとおして成果物を生み出すことは、学習機会の継続に役立つことを示唆している。「外化」された成果物は、ふり返りのきっかけや素材になり、コミュニケーションを活性化すると考えられるからである。本書の冒頭で紹介した「土地利用ゲーム」は、仮想的な状況設定のなかで参加者が能動的にかかわり、交渉やコミュニケーションをとおして状況がつくられてゆく。一連のやりとりは、その都度地図やデータとして共有されながら進行する。その意味で、こうした学習ゲームを活用したワークショップも、「アクティブラーニング」を実現するための試みだと言えるだろう。

時間割を越える

私たちの学習過程の実態について考えるとき、時間割という仕組みを窮屈だと感じる場面は少なくない。教員の立場でふり返ると、淀みなく講義がすすめられる日もあれば、それほど上手くいかない日もある。内容や準備状況にもよるが、教室という場で学生たちとの相互作用をとおして授業がつくられてゆくので、つねに予想どおり、期待どおりに進行できるとはかぎらないからだ。まさに講義の最中にも、あたらしい発想が促されるようなときには、おそらく九〇分では時間が足りないと感じるであろうし、逆に、さまざまな理由で「乗らない」ときには、時間をもてあましてしまう。学生も同じように、教員の話に集中して耳を傾ける日もあれば、睡魔に勝つことができずに居眠りをしてしまう日もあるはずだ。にもかかわらず、ひとたび時間割上に位置づけられると、規則正しく決められた曜日・時限に講義がくり返されることが期待される。

もちろん、いかなる事情があろうと、（波や揺らぎのない）一定の水準を保ちながら講義を提供することこそが教員に課された使命であり、また期待される職能だという議論もあるだろう。そして、つねに意欲を損なわずに毎回の講義を受け続けることが「正しい」学生の姿なのかもしれない。いずれも「正論」であろう。時間割やカリキュラムは、精巧に設計されればされるほど、こうした理想的な「教員像」「学生像」を要求することになる。だが、私たちの行動を素朴に理解しようとすれば、多少の波やばらつきがあるのは、めずらしいことではない。むしろ、理想的な教員や学生としてふるまうことを優先し、効率性を追求しすぎることによって生じうる不具合について、あらかじめ予見し、対応できるようにしておいたほうがいいのではないだろうか。

とりわけ、効率性を高めるように時間割を組むと、学生のみならず教員にとっても、さらに知識の断片化がすすむことになる。これは、じつはカリキュラムの設計に関わる構造的な問題なのかもしれない。カリキュラムの設計理念は、学生にも教員にもある種のふるまいを要求するため、それによって窮屈さが生まれている可能性があるのだ。だがじつは、そもそも実態に合わない（体現するのが容易ではない）理想の「教員像」や「学生像」にもとづいて制度が設計されているのかもしれない。カリキュラム設計にかんする基本的な構造は、大学設置基準によってあたえられている。そして、私たちのカリキュラム改訂・改革の試みは、すべてこの大学設置基準と矛盾しない形で考案・実装される必要がある。

いっぽう、学生たちは、知識体系やカリキュラムの設計理念の理解とは別の論理によって履修計画を立てているように見える。できるかぎり制約をあたえずに自由な履修が可能であるようなカリキュラムを提供すると、さらに問題は深刻になる。つまり、学習者が自分なりに知識体系のあり方について見取り図を描き、ひとつの「ものがたり」に即して履修科目を選択できるようにカリキュラムが設計されていても、その自由は、結果としては「空き時間」を少なくするという動機づけとともに理解されてしまう。それは、一週間の時間割に、なるべく効率的に講義を詰め込み、その分（アルバイトやサークル活動のために）まとまった時間を確保しようという行動となって表れる。（そうした「学外」での活動のために）ある特定の曜日にはいっさい講義を入れずに、「オフ」と称する曜日を確保しているような極端なケースもある。

これまで述べてきたように、私たちの学習過程においては、さまざまな役割分担や、時間的・空間的な調整が行われている。時間割は、その所産とも言うべきものだ。大学にかぎらず、私たちの仕事も生活も、絶え間ないやりとりや段取りをとおしてつくられる、（広い意味での）時間割によって構成されていると考えられるだろう。重要なのは、こうした時間割の成り立ちを理解し、必要に応じて変えてゆくことである。

ワークショップに向き合う

これまでの議論をふまえて考えると、ワークショップは、大きくふたつの観点からとらえることができる。これらは、ワークショップのことなる側面を際立たせるものだ。

まず、ワークショップは、私たちが向き合う「対象」として理解することができる。第1章でも触れたとおり、この十数年で「ワークショップ」ということばが認知され、広く流通するようになり、ワークショップにかんする知識の体系化がすすんだ。テキストブックとなりうる著作が何冊も刊行され、さらには大学における講義や資格認定をともなう講座として「ワークショップ論」や「ワークショップデザイン論」が提供されていることからも、ワークショップにかんする知識が、ある程度蓄積、整理されてきたと言えるだろう。私たちは、たとえば大学のカリキュラムのなかで、講義や演習をとおしてワークショップについて学ぶことができる。重要なのは、これまで述べてきたように、ワークショップにかかわる一連の講義や演習が、既存の大学のカリキュラムのなかに位置づけられているかぎり、その知識体系が細分化・断片化される可能性があるという点だ。大学のカリキュラムであるならば、他の科目と同様、基本的には九〇分の講義が一五回くり返されることで、単位が認定される。

既存のカリキュラムを前提にするのであれば、ワークショップについて学びたい学生の多くは、効率性を求めながら受講するのではないだろうか。そして、その成果は、実習や実技があったとしても「成績」に直結する形で評価を受けることになる。教員も、たとえワークショップの現場に深くかかわっていたとしても、その体験や知見を、学事日程や時間割との整合性が担保された講義として設計しなければならない。もちろん、開講形態を工夫して、集中講義や宿泊を伴う形で一五回分の講義を実施する試みもあるが、学習の進捗は、費やされる（消費される）時間によって理解されることには変わりないだろう。単位認定を伴わない形のプログラムは、大学のカリキュラムより柔軟性があるものの、それでもプログラムの修了や資格認定という明確な「目標」設定が可能なため、カリキュラムに即した形でワークショップは「対象化」される。ワークショップ〈について〉学ぶとき、私たちはワークショップを「対象」としてとらえている。

いっぽう、ワークショップは、私たちと切り離された「対象」ではなく、まさに私たちのものの見方や考え方としてとらえることもできるはずだ。いささか大げさに聞こえるかもしれないが、私たちのふるまいこそがワークショップであると考えることはできないだろうか。それは、ワークショップを、私たち自身と分かちがたく結びついた、いわば「環境」としてとらえることだと言えるだろう。ワークショップは、複雑で起伏に富んだ日常生活を、明快なことばや表現をとおして編集・再編集し、単純化を試みるという、一連のふるまいとして理解することができるからだ。それは、いままで述べてきたように、さまざまな形で私たちの学習過程が断片化・分節化されることに自覚的になり、その傾向に抗うために行動するということだ。ワークショップ〈をとおして〉学んでいるとき、私たちはワークショップを「環境」として受け容れている。

重要なのは、ワークショップ〈について〉学ぶことと、ワークショップ〈をとおして〉学ぶこととは、相互に関連しているという点であろう。これは、私たちが地図を読むときのふるまいにたとえるとわかりやすい。私たちは、地図を片手にまちを歩くとき、ふたつのものの見方を要求されている。「地図を読む」とき、まず、自分自身の「現在地」を地図のなかに位置づける能力が求められる。それは、上空から自分自身を眺める「鳥の目」を獲得することだと言えるかもしれない。このとき、あたかも「もう一人の自分」が、地図のなかにいる自分を見ているという意味で、自分の状況を「対象」としてとらえていると言えるだろう。だが、それだけでは「地図を読む」ことにはならない。

地図を手にしている自分の目の前には、まち並みが広がっており、その光景を見ながら歩くことになるからだ。つまり、周りを見回しながら、自分の「現在地」をひとつの「環境」として理解している。当然、前後左右の風景はことなる。たとえばランドマーク（目標）となる建物が見つかると、その建物を地図のなかに探し、いま自分が立っている「現在地」との位置関係を照合する。その作業によって、私たちは目的地に向かってすすむことができる。目的地が高層ビルやタワーなど、文字どおりランドマークとして目に見えているのであれば、地図がなくても歩くことができるが、曲がりくねった道の先、あるいは路地裏へと、目に見えない目的地に向かうためには目の前に見えるさまざまな手がかりと地図を往復しながらすすむことになるだろう。

ワークショップも、同じように「地図を読む」ふるまいに見立てて考えることができるだろう。『ワークショップ』が刊行されてから十数年が経ち、ワークショップにかかわる知識は形式化され、流通している。「ワークショップ論」「ワークショップデザイン論」「ファシリテーション論」など、さまざまな講座やセミナーが提供されているのは、ワークショップが語られるべき「対象」であることの表れだ。つまり、私たちはワークショップ〈について〉学ぶことによって、多彩な事例、現状や可能性などについて全体像を描くことができる。それは、たとえば「ワークショップの分類の試み」（図1－1）のように、ワークショップにかんする「地図」として、私たちの「現在地」を知るのに役立つものとなる。

同時に、ワークショップがひとつの方法であり、場づくりの実践であることをふまえると、私たちはワークショップ〈をとおして〉、考えたり行動したりすると言える。つまりワークショップは、私たちのふるまいの指針であり、態度である。「地図を読む」のと同じように、私たちは「対象」として理解することと、「環境」として向き合うこととの往復をくり返しながら、ワークショップとは何かという問題意識を深めてゆく。

ふり返りの重要性

ワークショップは、試行錯誤をくり返しながらデザインされる。デザインをすすめる過程では、同僚や知り合いなど、いわば「身内」のあいだでまず共有し、コメントをもらったり、数回試したりしてから、ある段階で完成を迎えることが多い。「企画」「運営」「評価」という環状のプロセスを経ながら、あるタイミングで正式に「公開」されるということだ。やがて、論文や書籍、あるいはワークシートやカード状になったワークショップ用の教材（ツール）が整い、広く情報発信される。教材などが販売される場合には、まさに「世に問う」段階へとすすむことになる。当然のことながら、ある品質や満足感を担保するものとして公開されるはずなので、その意味では「完成品」として理解されることになるだろう。

ワークショップが「完成」途上の段階においては、実施後のふり返りで得られたコメントなどは、デザインに反映させるべく活用されることが多い。ワークショップの試行段階におけるふり返りは、デザインを精緻化させるために必要な手続きとして理解されているからである。だが、ひとたびワークショップのプログラムが「完成」し、広く流通するようになると、デザインそのものについては、さほど触れられなくなることが多いようだ。プログラム自体は、すでに「完成品」なのであるから、それを所与として、もっぱらファシリテーターや参加者たちのふるまいについて評価が行われることになる。マニュアルや運営用のガイドがあれば、それはあたかも絶対的な「ルール」であるかのように扱われる。私自身の体験もふまえて考えると、一度、「完成品」として公開したプログラムの出来については、自信も誇りもある。それなりの時間もエネルギーも投じて世に出したプログラムであれば、なおさらのこと、プログラムに対する参加者からの否定的なコメントや、自分に不都合な指摘があっても、聞く耳を持たなくなる。

その結果、ふり返りの要点は、ファシリテーターの技量や参加者たちの属性や態度、会場の物理的な条件など、「ルール」以外の事柄に向けられがちになる。もちろん、ワークショップのための場づくり自体は、多様な観点から評価することができるが、そもそも、ワークショップが実施されている文脈に固有の問題も考えられる。ワークショップという場は、主催者、ファシリテーター（ワークショップのデザイナーが、主催者・ファシリテーターの役割を担うことが多い）、参加者らが集うことによってつくられるが、すでに〈提供者―受け手〉という関係性が前提となっている。つまり、主催者やファシリテーター（デザイナー）は、ワークショップの全容について「知っている」提供者であり、参加者は（経験者はふくまれているにせよ）「知らない」受け手である。その時点で、両者の関係は非対称的だと言える。たとえ「全員で場をつくりましょう」「みんなフラットな関係です」などと謳い、さまざまな工夫を施したとしても、誰かの呼びかけでワークショップが開催され、誰かがデザインしたプログラムが実施される以上、（程度の差こそあれ）この非対称的な関係性は消えることがないだろう。

提供者側は、内容や目的、運営方法を熟知しているという意味で、強い立場にある。そのことが、プログラムのデザインや実践そのものではなく、参加者の適正やふるまいに注目しがちな土壌をつくっているのかもしれない。たとえばワークショップ参加者への事後のアンケートで、プログラムの構成やファシリテーションに関する否定的な意見があると「あの参加者は、私たちのねらいをわかっていない」「いろいろな感想があるのだから、あまり気にしなくていい」「取り組む姿勢に問題がある」など、提供者にとって都合のよい解釈をすることがある。それは、第三者からの評価に対する保身のためのふるまいとして、表出する場合もあるだろう。こうした反応は、ワークショップの事後評価にかぎらず、大学における「授業評価」に対する教員の反応に似ているのかもしれない。

こうした非対称的な関係があるかぎり、自分がかかわったプログラムや実践に対して、どのような反応があっても、提供者は強い立場の論理とレトリックを用いて、自分を正当化することができる。もちろん、それぞれの経験、知識も、また取り組む姿勢も多様であるが、〈提供者―受け手〉という関係性が、ワークショップの評価とどうかかわっているかについて考える視点は重要であろう。

第3章では、私がこれまでに実践してきた（一部は現在も継続中）三つのワークショップについて紹介したい。ワークショップの目的や内容、実施事例の詳細については、すでに著書や論文の形で発表しているので、必要に応じて参照していただきたい。ワークショップのプログラムを継続的に実施しているなかで露呈してきた問題点や、私自身の気づきを中心に記述することをとおして、ひとたび「完成品」となったワークショップについて、そのデザイン自体を疑うことの難しさについて考えてみたい。それは、ワークショップが、時間とともにどのような径路を辿って実践されてゆくかについて洞察を加えるきっかけになる。

第3章　ワークショップから学ぶ

1　「キャンプ」の試み（二〇〇四年〜）

あたらしい「教室」をつくる

本書の冒頭で述べたとおり、私自身の最初のワークショップ体験は、教室のなかの「演習」として位置づけられるものだった。授業の設計・運営を考えるのに役立つのではないかという教員としての個人的な関心もあって、教室や会議室におけるファシリテーションのあり方や、学習ゲームのデザインについて少しずつ調査研究をすすめるなかで、「キャンパス」における時間・空間が、きわめて緻密にデザインされているということに、あらためて気づいた。時間割や学事日程、さらには教室における机やイスの配列にいたるまで、「キャンパス」という場は、効率的な情報伝達を主眼に設計されている。学生たちの学修状況を管理し、成績評価へと結びつけるための工夫もたくさんある。いわゆる「スクール形式」と呼ばれる教室のレイアウトに代表されるように、「キャンパス」におけるコミュニケーションは、〈教える―教わる〉という関係性を前提に構成されていることが多い。あえて単純化すると、効率的な情報伝達を実現するための、教員から学生への一方向的なコミュニケーションが際立つ仕組みである。

だが、多様な教え方、学び方を実践するためには、効率性や合理性ばかりを際立たせるのではなく、さまざまな観点から講義や演習のあり方を考えることのできる環境が望ましい。もちろん、机やイスがボルトで固定されていなければ（すり鉢状につくられた大教室では固定されていることが多いが）、私たちは自由に教室内のレイアウトを工夫して、教員と学生との向き合い方を変えたり、学生どうしのグループワークを実施したりすることができる。すでに、ワークショップや演習など、講義の方法や課題について、さまざまな取り組みもある。とはいえ、それらの多くはいずれも時間割上のどこかに位置づけられ、「キャンパス」のなかの教室で行われるものだ。

私は、時間・空間の制約からさらに自由になって授業を行うためには、慣れ親しんだ教室の「外」へ向かう必要があるという問題意識を抱くようになった。そして、「キャンパス」と対比させる形で「キャンプ」とも呼ぶべき学習環境について考えることになった。「キャンプ」は、いわゆる「野営」ではないが、現場で自分たちの能力や経験を活かし、創意工夫を行動に結びつけることの重要性を学ぶ環境として構想するものだ（詳細は加藤（二〇〇九）『キャンプ論』を参照）。「キャンプ」は、プ

キャンパス	キャンプ
常設（恒常的）	仮説（一時的）
計画された参集	アドホックな参集
フォーマル	インフォーマル

図 3-1　「キャンパス」と「キャンプ」　加藤（2009）より

ログラムとしてあらかじめ準備されているが、具体的な活動は、現場の状況を見ながら、必要に応じてその場で調整しながら進行する。私たちは、柔軟な発想や閃きは、予期せぬ形で、そしてしばしばインフォーマルな場所で生まれることを経験的に知っているはずだ。その意味で、「キャンプ」においては、人と人とのコミュニケーションを理解するためのヒントもたくさん見つかることが期待されている。そもそも、「キャンパス」も「キャンプ」も、「平らな場所・広場」を意味する、ラテン語の「カンプス（campus）」から派生している。「キャンプ」は、ワークショップ型のフィールドワークで、思考と行動を一体化させるための「実行力」について体験的に考えるための場所だと言える（図３－１）。

近年取り組んでいる典型的な「キャンプ」は、二泊三日で実施するように全体のプログラムが構成されており、その流れは図３－２のように整理することがで

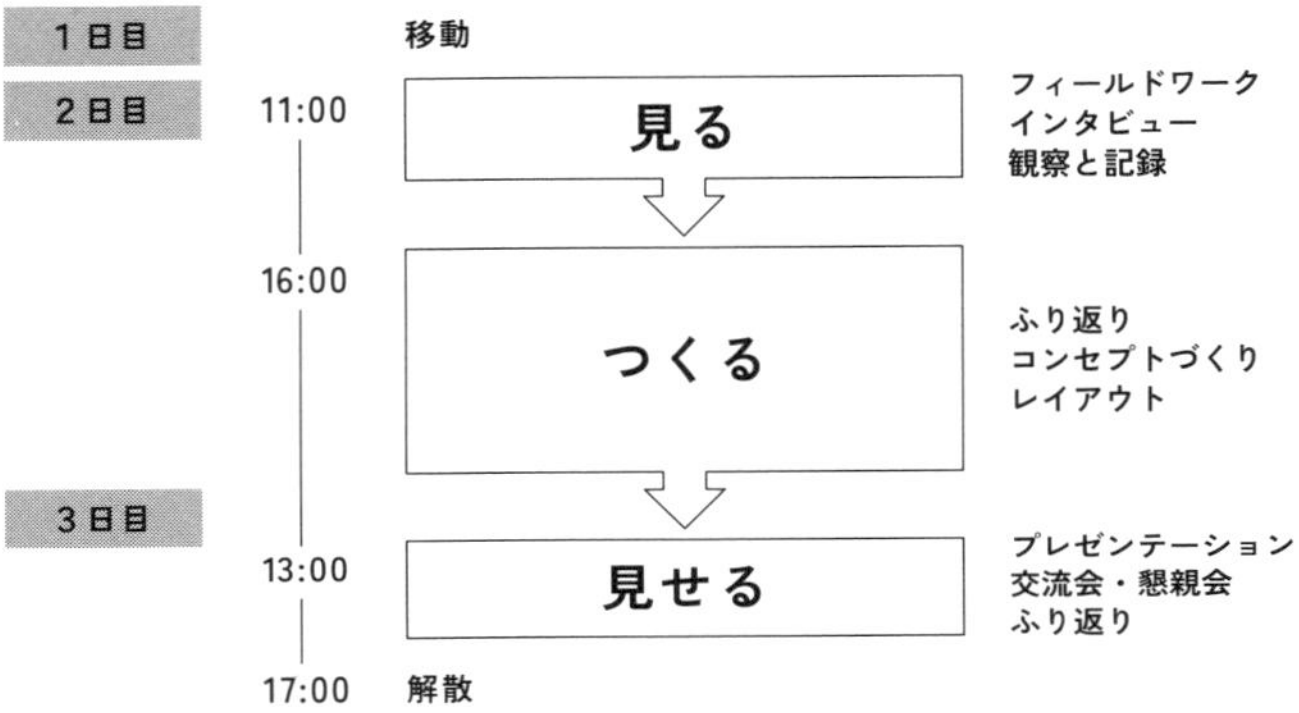

図 3-2 「キャンプ」のデザイン

きる。（移動距離や交通の便によって事情はことなるが）初日は、おおかた移動日として使われる。二日目、学生たちは、二～三名のグループに分かれてまちを歩き、フィールドワークを行う。とくに「キャンプ」においては、まちに暮らす人びとの日常生活に触れ、できるかぎり自然な形で取材を試みる。オフィス、商店、漁港、果樹園など、多様な仕事の現場に赴き、話を聞いたり写真を撮ったりする。ときには、配達に同行したり、果物の収穫を手伝ったりもする。学生たちは、取材先の家で食事をご馳走になることも、古いアルバムを挟んで長い時間話をすることもある。取材先には事前に主旨を説明して、受け入れを承諾してもらっているが、実際にどのように進行するかは、その時の状況しだいである。いわゆる調査法としての「インタビュー」のように形式ばったやり方ではないが、自然なやりとりをとおして、人びとの暮らしに接近する。リラックスした雰囲気であればこそ、本音を聞いたり、飾らない表情を見たりすることができる。

取材を終えて作業用のスペースに戻ってからは、各グループごとに作業をすすめ、取材の成果をもとに一枚のポスターを制作する。取材の成果物としてのポスターは、三日目（最終日）の朝までにデータを完成させ、A１／A２サイズで出力する。多少のばらつきはあるものの、毎回八〜一〇枚（八〜一〇種類）のポスターをつくり、それらをすべて、ギャラリーや役場・役所のロビー、多目的ホールなどに掲出するとともに、報告会を開催する。「キャンプ」のプログラムが特徴的なのは、取材にはじまり、デザイン作業、展示、報告会にいたるまでの一連の過程が、二泊三日という短期の滞在中に圧縮されて組み込まれているという点であろう。

問題解決志向から脱却する

では、何のために「キャンプ」を実施するのか。「キャンプ」という概念でフィールドワークを構想した当初は、地域コミュニティの調査やまちづくりといった文脈に位置づけながら、その目的や主旨を説明しようと試みていた。それは、「キャンプ」という活動をとおして、地域コミュニティやまちに暮らす人びとに対して、私たちが何らかの形で貢献する使命をもつという考えにもとづくものだ。近年、大学の研究室が地域コミュニティの調査を行い、地域活性化（再活性化）につながるビジネスプランや商品開発、情報発信の方法などの提案を試みるプロジェクトが増えているが、同様の発想で「キャンプ」を位置づけていたと言える。それは、私たちの調査によって、地域が抱える問題に対する何らかの「処方箋」を示すことを目指すという発想である。

地域活性化には「よそ者、若者、バカ者」が重要な役割を果たすという言い方をすることがあるが、まさに大学生はその代表格なのかもしれない。たとえば「大学生の目線で、地域の未来を考える」という語り口はわかりやすいので、活動の概要を説明したり、あるいは受け入れや協力を依頼したりする際に役立つ。それは、地域コミュニティに対して、(活性化に役立つ)何らかの提案を試みるという意味で、問題解決志向だと言えるだろう。そして、こうした問題解決志向の語り口には、活動によってもたらされる「結果」や「効果」もわかりやすく評価できることが前提となって含意されていることが多い。委託研究、共同研究などの機会を獲得するためには、「期待される成果」を明快に語ることが求められる。

すでに述べたとおり、「キャンプ」はかなり慌ただしく進行する。私たちが慣れ親しんだ「キャンパス」とは、時間の流れも空間の使い方もことなる。最終日に成果の展示を行うという具体的なイメージは、参加者のあいだで共有されているが、そのゴールにいたる道筋は、臨機応変にえらばれる。時間割や教室を前提とせずに、現場の状況を見ながら、適宜、活動の方法や段取りを調整するというのが基本姿勢である。たとえ事前に取材の約束があったとしても、先方の都合で開始が遅くなったり、場合によっては急遽キャンセルになったりすることもある。私たちにとっては、想定外の出来事だが、それが人びとの暮らしというものだ。そういう場合にも、次善の方法を考えて対応する。当初の計画どおりにすすまないという意味においては、望ましくない展開なのだが、現場でさまざまな調整に向き合う状況（向き合わざるをえない状況）は、私たちの創造力が試される場面でもある。極端な場合だと、活動内容そのものを現場で変更して、滞在中の活動を続けることもありうる。それは、現場に合わせたふるまいであり、あらかじめ決められた計画は絶対ではなく（そもそも、計画どおりに実施できるという保証はなく）、状況しだいで変更されうるものだという考え方にもとづいている。

数年間、「キャンプ」を続けるなかで、問題解決志向でデザインされたフィールドワークには、さまざまな限界や問題点があるということがわかった。問題解決志向のフィールドワークは、文字どおり、事前に明示されている問題の解決を試みるものだ。つまり、「問題ありき」でフィールドワークがはじまる。あたえられた問題そのものを問うことはほとんどないため、まちや地域コミュニティに対して、事前につくられたイメージをもとに向き合うことになる。フィールドワークには、個別具体的な〈モノ・コト〉から発想する態度が求められるが、マスメディアなどでとらえられた、より集計的で抽象度の高いイメージを持ちすぎると、その知識を現場に映しながら観察や記録がおこなわれることになる。つまりそれは、事前につくられたイメージを現場で確認することだと言える。私たちが、ガイドブックを片手に旅をして、ページに載っている「名所」ばかりを順番に巡っているようなものだ。少し考えれば気づくことだが、ガイドブックに収録されているのは、あらかじめ〈誰か〉によって意図的にえらばれ、編集された風景ばかりである。もちろん、ガイドブックの価値は認めるものの、ページの内容を確かめるだけの旅は、「問題解決志向」だと呼べなくもない。ガイドブックどおりの風景に自分の身を置くことができたかどうかが旅の「成果」として重宝される。そのため、フィールドワークの最中は、問題としてあらかじめ形式化された事柄を選択的に扱い、「問題外」の発見や気づきは（ひとまず）考えずにおくことが要求される。そして、問題解決を志向しているので、フィールドワークは、問題解決に資する「結果」や「効果」をもたらすかどうかで評価されることになる。

〈関与者〉という立場

だが実際には、フィールドワークの過程で「問題外」の〈モノ・コト〉に遭遇することは少なくない。そして、その状況があたらしい問題の発見につながったり、あるいは元々取り組むべきだと理解していた問題の再定義・再解釈の必要性を感じたりする機会になる。フィールドワークの実施に際しては、事前の準備（下調べ）や問題設定は重要であるが、現場で起きる出来事に柔軟に対応できるような設計が必要なのかもしれない。場合によっては、当初の計画を変更して、あらたな問題設定を機動的に行えるような仕組みが望ましい。

「キャンプ」という活動を始めて間もない頃は、「キャンパス」でのさまざまな制約から解放され、「外」で活動することの意義を強調しながら語ることが多かった。だが回数を重ねるうちに、「キャンプ」は、たんに従来の時間・空間の使い方を変えるだけではなく、私たちの調査者としての立ち位置や現場に向き合う姿勢をも変容させる活動だということが、わかってきた。つまりそれは、状況に関わりを持たない〈観察者〉から、主体的に現場に介入してゆく〈関与者〉へと立場を変えるということを意味する。自分たちがまち歩きやインタビューという形でまちの人びととかかわることによって、現場を変容させてしまう可能性を、いままで以上に自覚し、積極的にそれを受け容れるということだ。通常、調査者は、調査対象となる人びととの信頼関係の重要性は意識しているものの、過度に距離を縮めるのは好ましくないこととして理解している。調査のトレーニングを受ける際には、「深入り」しすぎないように、注意を促される。必要以上に感情移入はせずに、ある「適切な」距離を保ちながら観察することによって、調査の「中立性」が保たれると考えられているからだ。

だが実際には、ふだんよりさらにもう一歩踏み込んで、人びとの自然な表情や「語り口」に触れるとき、個別具体的な「ものがたり」は、より鮮明でいきいきとしたものになる。そうした生きたことばやふるまいに接するとき、私たちは、調査対象に向き合っているのではなく、自分たちも状況を構成している一員であることを実感する。じつは、こうした考え方のほうが、私たちが現場で過ごすときの実態に近いとも言える。学生たちは、初学者として、まちの人びとへのインタビューを試みる。たとえ事前に段取りを決めておいたり、想定されるやりとりの予行演習をしたり、さまざまなやり方で準備をしていたとしても、インタビューの実践は思いどおりにすすまないことがある。そうした場面では、即興的な判断が求められる。学生という身分の特権でもあるが、これまでの経験では、地域コミュニティの人びとはつねに優しく対応してくれた。もちろん、不勉強なことに対してお叱りを受けることもあるが、それも愛情に満ちているものだ。わずか数日間の滞在でまちを去ってゆく「よそ者」に対する人びとの接し方をとおして、地域コミュニティの許容度とも呼ぶべき特質を理解することにもなる。また、事前に準備された「シナリオ」にはない、即興的な調整が行われているときにこそ、お互いに自然で飾らない姿を披露し合うことになり、結果としては、よい取材になるようだ。

もちろん、これは準備が不用であるということでも、すべてを現場の成り行きに任せるということでもない。できるかぎり周到に準備はするが、状況の変化に柔軟に対応し、予期せぬ出来事を発見や気づきの契機として活かせるようにプログラム設計を目指すということである。

プログラムの安定

「キャンプ」の原型となった活動は、二〇〇四年に柴又（東京都葛飾区）で実施したフィールドワークまで遡る。したがって、この原稿を執筆しているいま、すでに一〇年以上が経過していることになる。その当時から、「キャンプ」という方法の背後にある考え方や手続きが言語化されていたわけではないが、フィールドワークの成果は、何らかの形でまちに還元しなければならないという想いは強かった。語ることばも、語り方も、まだまだ研がれていく必要があったものの、調査研究の「公共性の原則」を自覚しながら、フィールドワークをとおして見聞きした内容を公開してゆくという姿勢は重視していた。定性的調査法への関心にもとづいてはじめた活動なので、たとえば、ジョン・ヴァン＝マーネンによる次のような一節は心に留めながら、プログラムの設計を試みた。

文化を描くにあたってフィールドワーカーに必要とされているのは、「聞くこと」と「見ること」であるのは当然。しかし最も重要なのは、フィールド滞在中におそらくは目の当たりにし理解したことについて「書くこと」である。文化はそれ自体目に見えるものではない。それを再現し表現しようとする行為を通してのみ見えるようになるのだ。このことが文化研究を厄介なものにしている。人間の文化は籠に入れて見世物にしたり、顕微鏡のスライドにのせて検査したり、計器を使って読み取ったり、部屋の壁に掛けて鑑賞したりするようなものではない。フィールドワーカーは、フィールドワークの経験を、自意識的に選択した言葉で書いて報告しなければならない。文化を物語にして示さなければならないのだ。

『フィールドワークの物語：エスノグラフィーの文章作法』（一九九九）（邦訳：pp. 23-24）

ただし、「ものがたり」を綴るさいには、文字だけではなく、多様な媒体を活用することもできると考えていた。近年はポスターという媒体（文字と写真）をつくることが多いが、「キャンプ」を構想しはじめた二〇〇四年頃は、カメラ付きケータイで撮影した写真を使ってポストカードをつくり、フィールドワークの成果として、まちに流通させようと試みた。幸いなことに柴又での試みは、いくつかの新聞記事になり、「携帯で撮影　柴又を応援」「地域の魅力は　学生に聞け！」といった見出しとともに紹介された。まだ発展途上の試みではあったものの、私たちは、こうしたマスメディアによる取り扱いを参照することによって、活動の語り口を獲得してゆくことになる。最初の数年は、半期に一回（つまり一年に二回）出かける程度であったが、少しずつペースが上がり、内容や運営方法を修正しながら、現在では年間に五～六回の「キャンプ」を実施するようになった（たとえば二〇一五年度は、六か所に赴いた）。

プロセスの変容

「キャンプ」という活動をはじめた当初は、限られた滞在時間中に、ある一定レベルの成果を出せるように「指導」することを意識していた。もちろんそれは、「教員」としてのアイデンティティの表れだったとも言える。それほど厳格なものではなかったが、ワークショップのプログラムのなかに、途中経過をチェックする時間を組み込んでいた。具体的には、学生たちがフィールドワークやインタビューを終えて、それぞれがグループで作業をすすめ、数時間経った段階で、進捗状況のプレゼンテーションを行うというものだ。そのプレゼンテーションでは、調査の成果をポスターという媒体に仕上げる過程で、使おうとしている写真やキャッチコピー（テキスト）の案など、大まかな方向性や計画について、グループごとに簡単に報告し、それについて講評を行った。当然のことながら、他のグループの報告を聞けば、学生たちはお互いの進度を知ることになり、それによって翌日（完成される期限）までの段取りを見直すきっかけになる。競争心を刺激することにもなり、動機づけにも役立つ。数年間は、「キャンプ」に中間プレゼンテーションを組み込んだプログラムを実践した。

成果物の完成度を高めるという想いですすめてきたやり方だが、いくつかの課題にも直面した。まず、この経過報告のプレゼンテーションの時間が、作業時間を奪うという現実的な問題があった。グループごとにプレゼンテーションを行うとなると、どれほどすみやかに進行しても二時間近くは必要になる。ポスターを完成させる期限は変わらないのであるから、結局、学生たちは睡眠時間を削るしかない。少しでも効率よくすすめようと考えて、夕食の時間に、食事をしながらプレゼンテーションを聞くというやり方を試したこともあったが、どうにも落ち着かない。時間的な制約があって、慌ただしいプレゼンテーションになってしまうことは、かえってグループワークの質を損ねてしまうように見えた。

もう一つ、より大きな問題だと思われたのは、私が講評しコメントすることによって、暗黙のうちに、成果物のまとめかたにある種の「正解」があるという雰囲気が醸成されつつあったという点だ。ポスターという媒体は、いくつかの側面から評価することができる。たとえば、フォントのえらび方や文字のサイズ、人びとの視線の移動を配慮したレイアウトといった側面は、技術的に改善すべき点なので、唯一の「正解」とは言えないものの、より望ましいやり方をアドバイスすることができる。同時に、ポスターはヴィジュアルなデータによる表現として、共感の有無によってその印象について講評する（当然のことながら、私自身の好みも投影される）。さらに、やりとりのなかで気づいた点があれば、グループワークのあり方についてコメントすることもある。ワークショップの展開を考えると、このように多面的な講評にならざるをえないのだが、学生たちは、ある水準（つまり評価者の求めている水準）に達しているか否かで発想しがちになる。

象徴的だったのは、二〇一一年に山形県で実施した「上山《かみのやま》キャンプ」のときのエピソードである。このときは、夕食の時間を利用してそれぞれのグループが経過報告を行い、翌朝までにポスターのデータを仕上げるべく作業が続けられた。私は、学生たちが作業をしている部屋のすぐ隣の部屋を使っていたが、日付が変わろうかというタイミングで、学生たちが訪ねてきた。経過報告での講評をふまえ、その後の作業状況についてコメントが欲しいという。いくつかの代案を携えていたり、グループであれこれと相談したようすが反映されていたり、学生たちの熱意ある姿勢は、大いに喜ぶべきことだった。だが、そのいっぽうで、私がどのように反応するかをうかがい、その感触いかんで、その後の作業の道筋を決めようという雰囲気が感じられた。つまり、程度の差こそあれ、知らず知らずのうちにどこかに「正解」があるかのような（つまり、私からの「GOサイン」を求めるべく進行するような）制作プロセスになりつつあったことに気づいた。

途中経過のプレゼンテーションは、善かれと思って実施していたが、（いま述べたような問題をふまえて）プログラムに組み込むのをやめ、取材を終えてからデータを完成させるまでの間、どのようにふるまうかはそれぞれのグループの判断に委ねることにした。作業の途中でコメントやアドバイスを求められれば、もちろん応えるが、少しずつ「放任的」な運用に移行していった。

2　自画持参（二〇一〇年〜）

ある出来事

何年か前に、ある学会のセッションに参加したときのことだ。壇上には数名の話者がいて順番に報告し、しばらくして司会者（モデレーター）が会場に向かって、質問やコメントはないかと呼びかけた。私たちにとって、馴染みぶかい光景である。その呼びかけに対して、一人の手が挙がっていた。どうやら司会者は、壇上から、ある著名な先生が会場にいるのを発見したようだった。（私自身は、よく存じ上げていなかったのだが）その著名な先生は、遠方から会場に来ていたらしく、司会者は手を挙げている参加者がいたにもかかわらず、「先生、せっかくなのでひと言お願いします」と声をかけた。いきなり指名されたことに躊躇している素振りを見せながらも、「大御所」の先生はマイクを手にしゃべりはじめた。セッションの内容にかんする質問やコメントというより、彼自身の近況報告のような内容だった。

結局、プログラムの都合上、同じ会場で次のセッションが控えているという理由で、挙手していた人には発言する時間があたえられないまま、質疑応答の時間が終わってしまった。よくあることだと言われてしまえば、それまでだ。私自身は、初めて参加する学会だったが、常連の参加者にとっては、とくに違和感のない状況だったのかもしれない。どの学会にも、歴史とともに培われてきた「文化」

があるので、「これがうちのやり方です」と言われれば、ひとまずそれを受け容れるしかない。とはいえ、手を挙げていた「無名」の参加者の質問を聞くよりも、「大御所」の先生のひと言のほうが優先されるべきだったのだろうか。司会者は、壇上で機転を利かせて「大御所」の先生にマイクを振ったことを理由に、後から評価されるのだろうか。

じつは、このときにかぎらず、似たような場面には何度か遭遇したことがある。学会やシンポジウムと呼ばれる集まりは、窮屈なタイムスケジュールで運営されていて、司会者やタイムキーパーは、とにかく予定どおりに進行しようと試みることが多い。これは、自分自身が運営の事務や、あるいは司会や話題提供者の役割を担った経験からも、わかっているつもりだ。内容のみならず、決められた時間どおりに進行することも、セッション自体の評価につながる。だが、諸々の状況を承知のうえで、(多少の正義感をもって)あの場面をふり返ってみると、終了の時刻がせまっている状況で、手を挙げていた聴衆には発言の機会があたえられず、「大御所」の先生にマイクが渡ったことは、学会のセッションやシンポジウムのあり方そのものを問い直すきっかけになった。そもそも、学会におけるセッションやシンポジウムにおけるコミュニケーションは、どのような前提にもとづいて構成されているのだろうか。また、それに対して、私たちはどのように向き合っているのだろうか。

予定調和への疑問

いささかナイーヴな正義感がきっかけではあったが、私たちが慣れ親しんだコミュニケーションの形式を、あらためて問い直す機会をつくりたいと考えて、ワークショップをデザインすることにした。「自画持参（Bring Your Own）」は、友人である長岡健とともに考えたプログラムである（加藤・長岡　二〇一〇）。自分たちで（自前で）、飲み物を持ち込む集まりやパーティーを指す「BYOB（Bring Your Own Bottle／Beer）」から発想して名づけたものだ。このワークショップの場合、持ち込まれるのは、飲み物ではなく「アイデア」や「ものがたり」、あるいは「画」である。〈自賛〉できるかどうかはともかく、参加者が自らの思考や頭に描くビジョンを〈持参〉することを際立たせる名称をえらんだ。

発想の源にあったのは、上述のエピソードのように、シンポジウムやパネルディスカッションと呼ばれるコミュニケーションの現場が、自由闊達な意見交換の場であるとされながらも（少なくとも、私たちはそのようなイメージは抱いていながらも）、じつは、さまざまな制約や社会関係によって構成されているということである。これまで「あたりまえ」だと感じて、さほど疑問を抱いてこなかったが、シナリオどおりに進行するシンポジウムやトークイベントは、本当に面白いのだろうか。その場合の面白さとは、どのように性格づけることができるのか。先ほどの例では、「大御所」の先生がたまたま会場にいたというハプニングに、司会者が即興的に対応していたものの、最後は著名な先生のひと言で「締める」という、ごく「あたりまえ」のストーリーがえらばれていたと理解することもできる。

一般的なシンポジウムやパネルディスカッションについて言えば、企画によっては、「指定討論者」があらかじめ決められている。質問は事前に提出するよう求められていたり、発言の順序が指定されていたりすることもめずらしくない。こうした集まりでは、(緻密につくられた)シナリオどおりにコミュニケーションが進行する。つまり、壇上にいる司会者と話者とが、それぞれの役割をミスすることなく演じることによって成り立っている「舞台」なのである。

もちろんこうした「舞台」も必要だが、「自画持参」では、単純な仕組みを取り入れることで、私たちが「あたりまえ」だと思っているトークセッションをあらためて考え直すことを目指した。たとえば、発言するつもりで来ていた参加者に発言の機会があたえられない、あるいは、聴衆のつもりで参加していたのにいきなり「舞台」で発言するように要求されるというように、先の読めない展開になる。そもそも、創造的なコミュニケーションに、シナリオはない。どれほど準備をしておいても、〈現場〉では何が起こるかわからないことを、私たちは経験的に知っているはずだ。むしろ、多少の違和感や居心地の悪さこそが、継続的なコミュニケーションの契機にもなる。「話す時間が足りなかった」「説明がわかりづらかった」「聞いていてアイデアが思い浮かんだ」「じつはちょっとちがう意見を持っている」など、多少のストレスを感じることが、創造力を喚起するからである。

コミュニケーションの構造を変える

こうした問題意識にもとづいて、「自画持参」は、話題と話者がランダムに決まることで成り立つようにデザインされている。一人ひとりの参加者は、語りたいテーマ（話題）を「持参」するが、会場でのやりとりをとおして、その日のプログラムで扱うテーマがえらばれる。幸いにも、自分の関心領域のテーマがえらばれたとしても、発言できるという保証はない。逆に、自分にとって不案内な内容であっても、ワークショップの流れのなかで採用されたテーマについては、即興的に語る準備をしなければならない。

具体的なすすめかたは、図３‐３のとおりである。参加者は、その場で決められた大きなテーマ（たとえば「カフェについて考える」）に即して、具体的な演題（たとえば「理想のカフェとは」「思い出のカフェについて」「サードプレイス論についてどう考えるか」など）を（一人三つまで）考え、それぞれちいさな紙に記入する（無記名）。同時に、参加者は自分の名前を書いた紙も、別途提出しておく。まず、参加者が提案した演題のなかから、ひとつがランダムにえらばれ、読み上げられる。つまり、いきなり「お題」があたえられるという状況になる。実際にその「お題」で話をすることになるのは一人だけだが、その時点では、まだ誰がしゃべることになるかわからない。もし指名された場合には、「お題」について三分間で話をするように求められる。当たるかどうか心配しながら（あるいは、ぜひしゃべりたいという想いを抱きつつ）、全員が二分間の「考える時間」を使って、ストーリーを組み立てる。

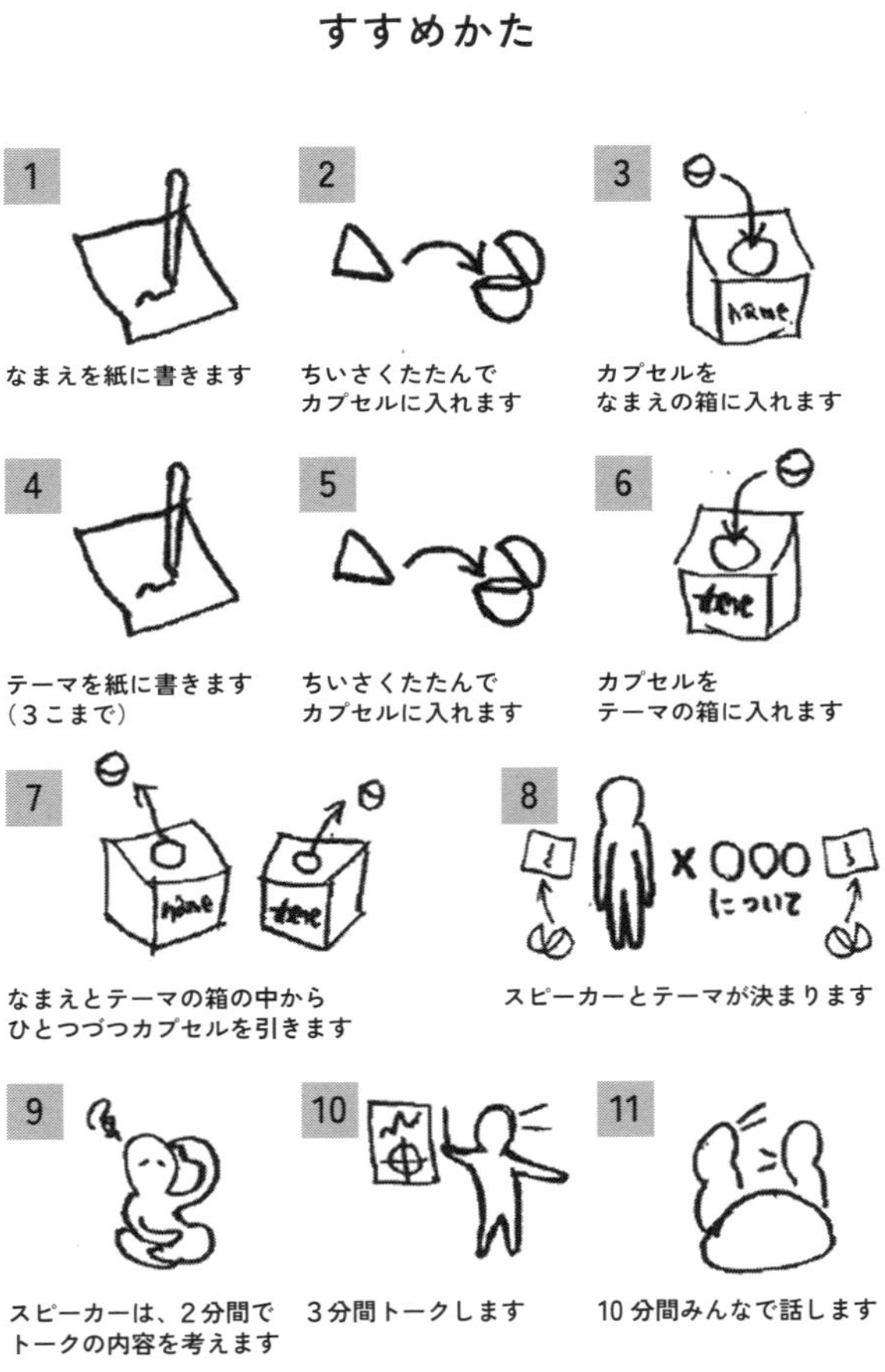

図3-3 「自画持参」のすすめかた（画：石井あゆみ）

「考える時間」が終わると、今度は参加者の名前が書かれた紙が、ランダムにえらばれ、話者が決まる。ぜひ自分がしゃべりたいという演題であったとしても、くじ引きで当たらなければ、発言することができない。逆に、難しい演題でうまく考えがまとまらない状況であったとしても、当たると参加者の前で三分間しゃべらなければならない。

後述するが、ワークショップのデザインは、それ自体が経験学習の過程だと理解することができる。まず、ワークショップの目的や内容について、概念的な整理をするところからはじまる。やがて、デザインの方針が固まってくると、実際に「現場」をつくって、試しながらその出来映えを評価する。通常は、何度かの試行を経ながらデザインを洗練させてゆくことになる。二〇一〇年三月、日常的に（多様な分野で）ワークショップのデザインや実施にかかわっている知人・友人たちを招いて「自画持参」を実施した（図３－４）。「自画持参」というプログラムは「完成」してはいなかったが、ひとまず具体的な運営の方法まで具体化することができたので、実際に現場で試してみようという趣向だ。プログラムは参加者には概ね好評で、デザインの方向性について有用なコメントがあった。たとえばある参加者は、参加者の属性に応じたチューニングの重要性を指摘し、次のように語った。

実務ではまちづくりなどを行っていますので、その場にもうまく展開できればいいなぁ、と思うような方法でした。とはいえ、（人によっては）いきなりテーマを与えてしゃべってもらうのが難しいので、自画持参方式を少しアレンジしながら、偶然性とか主体性とか「しゃ

図 3-4 「自画持参」でのディスカッション

べり足りない」とか、そういう気持ちをいい具合に醸成するような方法論を模索してみたいなぁ、と思っています。

また、別の参加者は、このワークショップによって醸成される緊張感についてふり返っている。

あの場では、当たらなくて良かった……とほっとしていたのですが、緊張がほぐれて帰宅してから、色々思いがめぐりました。皆様のお話をうかがいながら、皆様とお話をしながら、自分の思考にキュー出しをたくさんしていただいた、そんな時間だったように思います。……

一連の感想は、現場では（誰が指名されるかわからないという）緊張感を味わいつつも、それが適度に創造性を刺激しうることを示唆している。こうした試行を経て細かい点を調整するとともに、ウェブや説明の手引きを準備し、定期的に「自画持参」ワークショップを開催する段取りを整えた。二〇一二年一二月からは、（原則として）毎月第一金曜日の晩、都内のカフェを借りて「自画持参」を開催している。お盆休みやお正月など、休みの月もあるが、それでもすでに四〇回ほど開催され、いまなお継続中である。

形式のわかりやすさ

すでに述べたとおり、「自画持参」は演題と話者をランダムにえらび、組み合わせることによって進行する。重要なのは、演題と話者をそれぞれランダムにえらぶことによって、私たちが「あたりまえ」だと思っているコミュニケーションの構造を問い直すという点である。その問題意識をわかりやすく、体験的に伝えるためにワークショップという方法が採用されている。私たちは、「自画持参」をデザインするにあたって、演題と話者を（ランダムに）えらぶための方法をあれこれ思案した。その結果、直径三センチほどのがちゃがちゃのカプセル（通常は、おもちゃが入れられるプラスチックのカプセル）を使うことにした。候補となる演題や参加者の名前を書いたちいさな紙をカプセルに入れ、演題用、話者用、それぞれ別の袋から取り出すことで、「くじ引き」を実現している。

私たちの多くは、コインを入れてがちゃがちゃで遊んだ経験があるためか、カプセルを使うだけである種の情景が思い出されるようだ。カプセル自体が、ワークショップという場づくり、雰囲気づくりに役立つことはたしかだ。だが、重要なのは演題と話者をランダムにえらぶことであって、がちゃがちゃのカプセルを使う必要はない。現に、カプセルなしで実施したこともある。ワークショップの主旨どおり「くじ引き」を実現するのであれば、他にもたくさん方法はあるからだ。

興味ぶかいことに、ワークショップの問題意識を反映した「自画持参」という「正式名称」があるにもかかわらず、このワークショップは「がちゃトーク」と呼ばれるようになった。細かい経緯については把握していないが、演題や話者をランダムにえらぶためにちいさなプラスチックのカプセルを使うことから、誰かがそう呼びはじめ（誰が言い出したのかはわからない）、ごく自然にその呼称が使われるようになった。私たちは、発展途上ではあったものの、「自画持参」ワークショップを学習ゲームとして位置づけ、ごく初期の段階で論文を執筆し発表したのだが、そのオリジナルが照会されることは、ほとんどない。もっぱら、場づくりの演出の部分であるカプセル（がちゃがちゃ）に光が当たり、「がちゃトーク」という呼び名だけが一人歩きをはじめているようだ。「自画持参」のデザインにおいて、インパクトがあって人びとに認知されやすい（カプセルを使うという）形式が重要な役割を果たしているが、コミュニケーションの構造を問い直すという、そもそもの問題意識の訴求力が弱まっているのが現状である。

ワークショップは、その認知度が高まるとともに、少しずつ現場に合わせて改変されてゆく。それは、本来、ワークショップが個別具体的な状況に合わせてデザインされるべきものであることの証だと言えるだろう。回数を経ることによって、私たちは、ワークショップを汎用的に多様な文脈において活用できると考えるようになるが、じつは、それぞれの現場に合わせた形でいくつものバリエーションが生まれている。

ルールの改変

すでに述べたとおり、現在は、毎月第一金曜日の晩に、市ヶ谷にあるカフェで「自画持参」ワークショップを開催している。事前に参加登録をする必要はなく、ふらっと立ち寄る感覚で参加することができる。こぢんまりとしたカフェなので、参加者がたくさん訪れたときには椅子が足りなくなってしまうが、実際には、これまで四〇回ほど開催してきたなかで、会場が満杯になったことはない。いまのところ、物理的な環境については、とくに問題もなく続いていると言えるだろう。じつは、この方式も、従来のセミナーやトークセッションのあり方を問い直すきっかけになればと考えて採用したものだ。ワークショップを企画・運営する際、事前に参加者の人数や所属などを確かめておくことが多い。当然、会場の手配や資料の準備などを考えれば、参加者の人数はあらかじめ把握しておいたほうがよい。グループワークなどの段取りも、人数に左右されることがある。また、参加者の所属や肩書きなどを知っておけば、話題えらびや雰囲気づくりにも役立つはずだ。

いっぽう私たちは、参加の方法もふくめて、「あたりまえ」を疑うきっかけづくりを試みている。「自画持参」というワークショップでは、直前まで演題も話者もわからないが、それ以前に、そもそもの参加者の数や構成も、その日、開催の時刻になるまでわからないという状況だ。理屈の上では、たまたま通りがかって参加し、お互いに名前すら教え合わなくても、二時間ほどのワークショップを体験して、（何らかの発想のヒントを得て）帰路につくということもありえる。さまざまな側面で、「シナリオ」を廃して偶然に任せるのが基本だ。

だが、くり返し開催していると、当初の問題意識を明示することなく実施されるようになる。それは、参加者が「自画持参」というワークショップの流れについて理解し、ふるまい方に関する知識が身体化したことの表れでもある。したがって、必ずしも悪いことばかりではないが、本来の目的についての意識は徐々に薄れてゆく。不意の参加が許されているとはいえ、回を重ねるうちに「常連メンバー」も生まれる。常連どうしだとなおさらのこと、さまざまなことが暗黙の了解とともに進行する。そのため、きわめてハイコンテクストな状況で、ワークショップが実施されることになる。文脈の共有性が高まることによって、説明が端折られることもしばしば起きるようになってきた。

慣れや惰性は、ワークショップに「弛み」をもたらす。ここで言う「弛み」は、好ましくない状況を指す。たとえば、もともとのデザインでは、（くじ引きで）話者に指名された参加者は、カフェにいる全員の視線を集めるような位置に移動し、そこに立って話をすることになっている。話者にとっての「舞台」ともいうべき定位置が、決められているのだ。くり返しているうちに、「きょうは人数が少ないから（いつもどおりでなくてもよい）」「お馴染みのメンバーどうしだから（省略して済ませよう）」といった思考に陥るようになるのだろうか。あるとき、その場で座ったまま話そうとする参加者がいるのを見て、この「弛み」の問題を実感することになった。さらに問題なのは、その状況に対して他の参加者は何も言わず、そのままの流れにまかせて進行しつつあったという点である。

定期的な開催をとおして、ワークショップが「常連メンバー」によって自律的に運営されるようになったこと自体は評価するべきだが、ともすれば、ある種の「なれ合い」のワークショップになってしまう可能性に気づいた。あたえられた演題で（即興的に話をまとめて）三分間でしゃべるというワークショップのコンセプトや学習目標を自覚することなく、緊張感のない時間が流れることは避けたいものだ。ワークショップは、内容や運用方法はさまざまだが、多くの場合、人と人とのコミュニケーションの場面が組み込まれている。ワークショップの進行を担うファシリテーターは、参加者どうしがリラックスできるような環境を整えながらも、ワークショップのデザインに埋め込まれたコンセプトや問題意識に忠実であることに留意しなければならない。

「自画持参」の場合は、まさに「アイデア」や「ものがたり」をそれぞれが持ち寄り、語り合うのがコンセプトであるために、参加者たちが話をしていたり、場が賑やかに盛り上がっていたりする状況を、歓迎すべきことだと考えがちである。だが、なにより重要なのは、発話者や発話の順序などに制約をくわえて、「あたりまえ」のコミュニケーション状況をふり返る契機にするということである。ワークショップをとおして親しくなった参加者どうしで自由に語る時間も、たんなる雑談で終わらせるのではなく、直前に語られた「ものがたり」に即したふり返りの時間である点を自覚しておくことが重要だ。

3　まち観帖（二〇一一年〜）

感性を育てる

まち歩きは、感性開拓の方法論の題材として、きわめて興味ぶかい。「まち観帖」は、同僚の諏訪正樹とともに考案した方法論で、まちを観察・記録し、意味づけしながらまちについて語ることで感性開拓の促進を目指すものである。感性とは、対象とするものや環境のなかに、重要な着眼点を見いだし、その関係性を見いだすことをとおして、自分なりの意味づけを行うのに必要な認知能力であると言える。まち歩きのなかで、何に気づくか、それを見て何を想うかについて唯一の「正解」はないが、私たちは一人ひとりの感性にもとづいてまちを感じている。着眼点の数やバラエティーを豊富にし、意味づけを多様にするための「しかけ」づくりは可能であろうか。また、まちを見る豊かな感性を培うためには、どのようなアプローチが求められているのだろうか。こうした問いとともに、プロジェクトがはじまった。

私たちは、「まち観帖」のデザインに取り組むにあたって、「パターン・ランゲージ」研究の有効性は認めながらも、ある疑問も抱いてきた。「パターン・ランゲージ」は、それを開発した本人にとっては自らの体験を整理した体系になっているため、非常に有益である。しかしながら、それをあたえられ参照する第三者にとって、一つひとつのパターンが何を意味するのかを頭では理解できても、腑に落ちる形で理解できないのではないか。私たちは、一つひとつのパターンを「ことば」として使いこなす方法論こそが、求められているという問題意識を持っていた。私自身は、大学で「フィールドワーク法」という講義を担当したり、本章で述べた一連の「キャンプ」の取り組みを試みたりしているが、まちを理解するための方法であるからには、それが身体化され、現場で活かされるべきものだと考えている。つまり、感性開拓〈について〉語るのだけではなく、まさに感性開拓〈をとおした〉活動を実践することが求められているのだ。

「まち観帖」プロジェクトは、私たち自身が現場に直接かかわりながらすすめるよう設計した。私たちは、二〇一〇年一〇月から二〇一一年一一月までの約一年間、東急目黒線の武蔵小山から東横線の学芸大学前付近にいたるエリアと、早稲田から神楽坂にいたるエリアのふたつを、月に一度のペースでくり返し歩き、その過程をとおしてプロジェクトに取り組んだ。

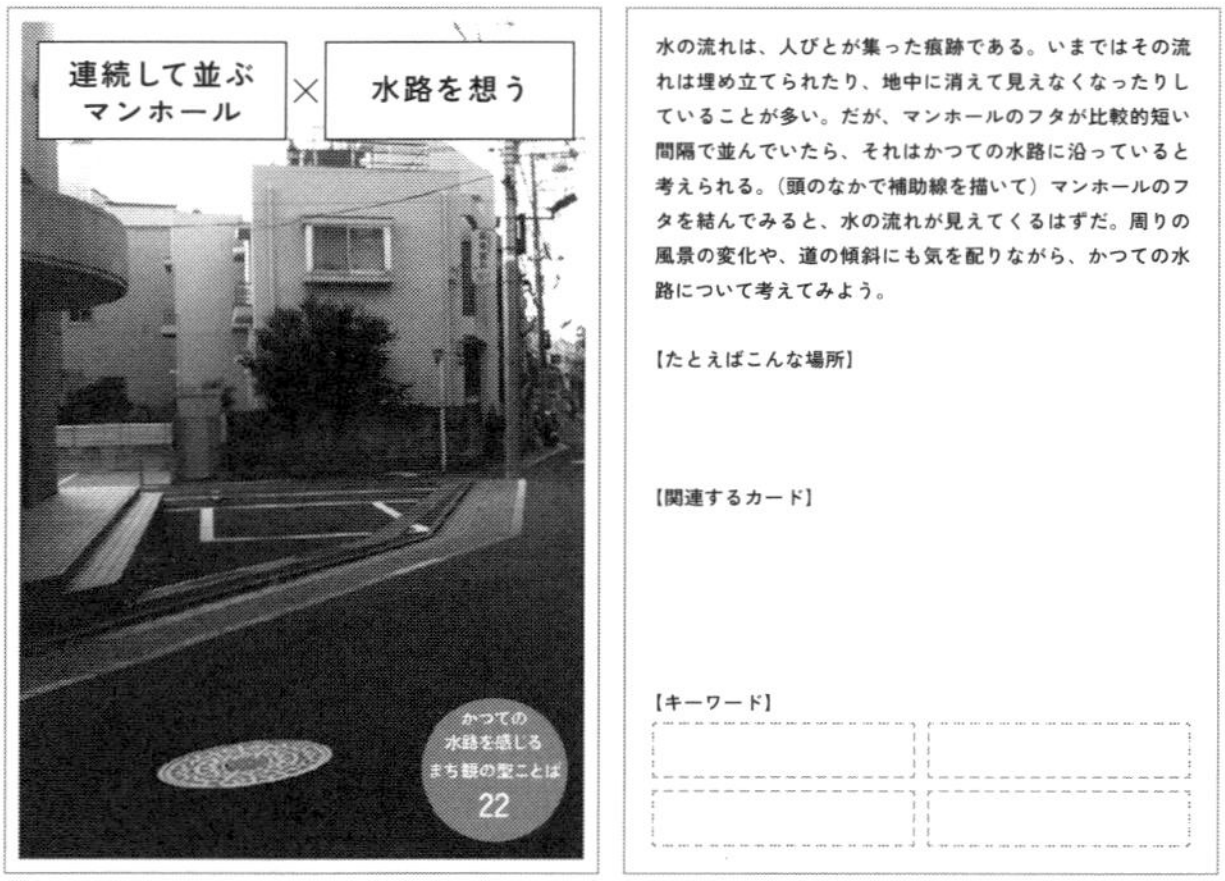

図 3-5　「まち観の型ことば」（かつての水路を感じる：No. 22）

「まち観帖」は、まち歩きのための装備である「まち観房具」と、まち歩きの体験を語るためのことばを整理し、四九枚のハガキ大のカードにまとめた「まち観の型ことば」と、「型ことば」を用いて綴られた「まち観がたり」によって構成されている。カードは、「まちに存在するものや物理的空間的状況」×「それを観て／体感して、何を感じ、何を想い、どう行動するか」という型で記述されており、たとえば図3－5は、「連続して並ぶマンホール」から「水路を想う」ように誘うカードである。ふだん、気づくことなく通り過ぎてしまう道も、ひとたび、このような着眼点があたえられると、まちの成り立ちについて考えながら歩くようになる。いつもより少し目線を下げて、マンホールの蓋を眺めながら歩くと、かつては足元に水が流れていた（かもしれない）という想いが喚起される。カードに書かれているのは、「適切な」抽象度を目指してえらばれたことばなので、特定の（個別的な）まちではなく、どのまちを歩いていても動員することのできる着眼点になる。

上述のとおり、私たちは、「まち観帖」の着想から作成にいたるまで、一年ほどかけて、まち歩きと思考をくり返した。たとえば、その過程で、銭湯（煙突）やクリーニング店、蛇行する道などが、かつての水路の痕跡を示す手がかりになりうることがわかってきた。ある日のフィールドワークで、私たちは、道の蛇行や周囲の様子から、古い建物の前で足を留めた。つぶさに観察すると、それは間違いなく銭湯の跡であった。煙突はすでに姿を消し、シャッターも下ろされた状態であったが、私たちの身体は、かつての水路の跡に敏感に反応していた。こうして、「型ことば」をつくりながら、フィールドワークのための身体感覚が培われつつあることを実感した。

「まち観帖」による学び

フィールドワークと議論をくり返しながら、私たちは、四九種類のカードをつくった。だが、一連の「まち観の型ことば」だけでは、フィールドワークという方法や態度を身体的に理解することはできない。単語を憶え、ボキャブラリーを増強するだけでは、実際に「ものがたる」能力を身につけることはできないからである。つまり、まちを理解し語るための「ことば」である以上、その「ことば」を紡ぐという過程や、結果として綴られる「ものがたり」こそが重要なのである。

私たちは、「まち観の型ことば」を実践的に扱う段階へとすすむために、カードを数枚携えて、カー

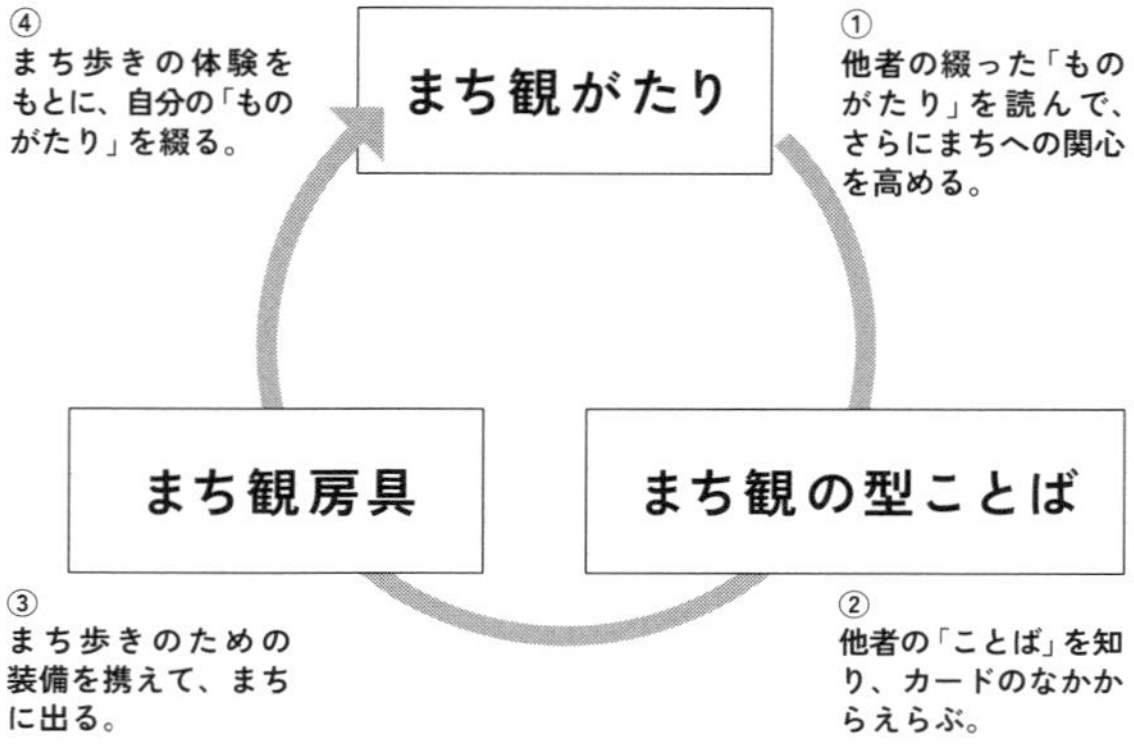
④
まち歩きの体験をもとに、自分の「ものがたり」を綴る。
まち観がたり
①
他者の綴った「ものがたり」を読んで、さらにまちへの関心を高める。
まち観房具
まち観の型ことば
③
まち歩きのための装備を携えて、まちに出る。
②
他者の「ことば」を知り、カードのなかからえらぶ。

図 3-6 「まち観帖」による学習プロセス（最初の学習サイクル）

ドに記述された内容と類似の状況を探索しながらまちを歩いてみることにした。カードに書かれたまちの見方・感じ方のヒント（着眼点）が、現場での直接体験と結びつくと、それは、まちを語るための「ことば」として修得されていく。まち歩きを終えて、地図上に自分の歩いた軌跡とともに、「型ことば」を付記してみることで、まちへのイメージが広がる。私たちがまとめた一つひとつの「型ことば」は、リアルな場所の体験からつくられたもので、該当する地点を地図上にプロットしたところ、多くの「型ことば」が集中するエリアが数か所あることに気づいた。

「型ことば」が該当する地点が集中するということは、そのエリアを歩くとさまざまな感じ方／想い／行動が喚起されることを意味している。そこは何らかの「ものがたり」を感じることのできるエリア、つまり「型ことば」を駆使して語る価値のあるエリアだと言えるだろう。このような過程を経て、私たちは、武蔵小山

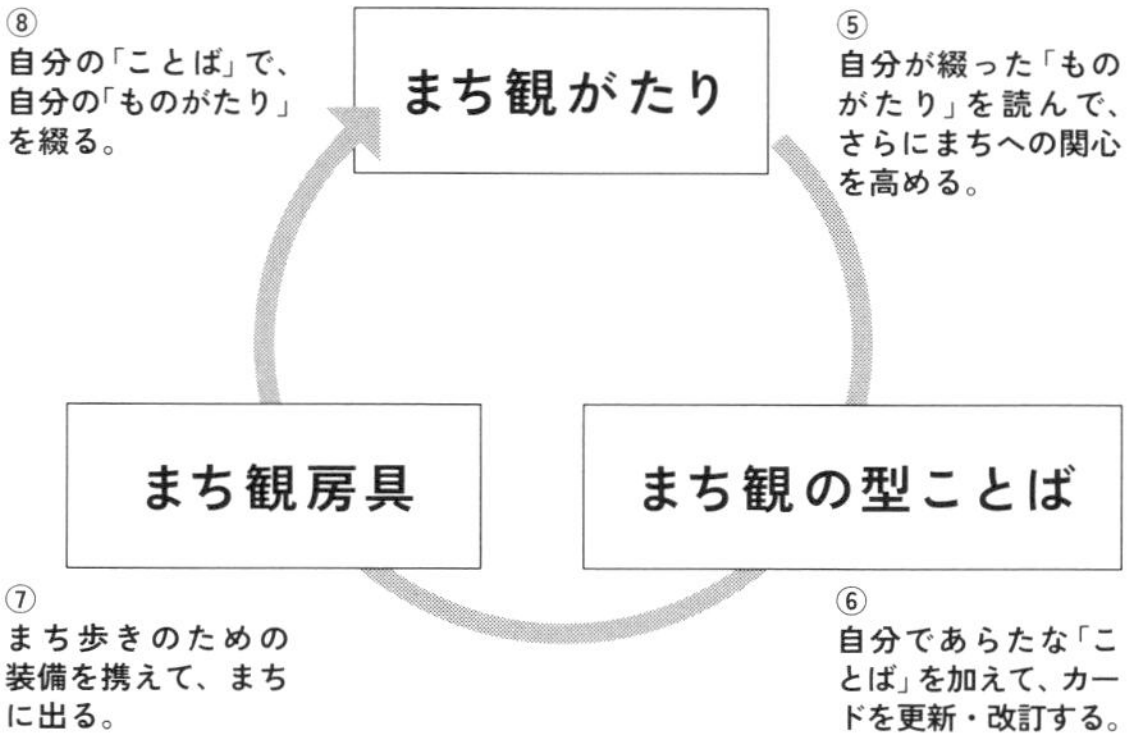
⑧
自分の「ことば」で、
自分の「ものがたり」
を綴る。
まち観がたり
⑤
自分が綴った「もの
がたり」を読んで、
さらにまちへの関心
を高める。
まち観房具
まち観の型ことば
⑦
まち歩きのための
装備を携えて、まち
に出る。
⑥
自分であらたな「こ
とば」を加えて、カー
ドを更新・改訂する。

図 3-7　「まち観帖」による学習プロセス（２巡目の学習サイクル）

から学芸大学前に至る地域と、早稲田から神楽坂に至る地域から四つのエリア選び、それぞれのまちから連想される架空の「ものがたり」を創作してみた。それが「まち観がたり」である。一つひとつの「ものがたり」には、該当する「まち観の型ことば」が複数個散りばめられている。

「まち観の型ことば」を意識しながら文章を綴ることで、「型ことば」が、線あるいは面という、ひとつのまとまりとして理解されるようになる。これらは、まちの今昔への想いが書かれたエッセイであるが、随所に「まち観の型ことば」に裏打ちされた記述が埋め込まれている。このように、フィールドワークをとおして観察・体験した〈モノ・コト〉を「ことば」と対応づけ（身体に取り込み）、その上でふたたび「ものがたり」として世に問う（身体から外へ出す）ことで、まちを見る目が育まれ、フィールドワークのための身体感覚が開拓される。このように、「まち観帖」による学びは、図3‐6のような環状のプロセスとして示すことができるだろう。

重要なのは、いきなり「ことば」を習うのではなく、まずは事例として、実際に「語られたまち」に触れることである。私たちは、他者が綴った「ものがたり」によってまち歩きへの関心を高めることが、「ことば」を学ぶ動機づけになると考えた。その上で、まち歩きの経験を重ねることをとおして、フィールドワークの方法と態度が身体化されてゆく。この過程を経ることによって、さらに、図3‐7のような学習が促されることを想定している。これは、「まち観帖」によって構成される学習プロセスの「二巡目」以降に期待することのできるふるまいである。

「型ことば」を伝える

これまで述べてきたとおり、「まち観帖」は、一年ほどかけてデザインと試行を重ね、ひとつの「パッケージ」としてまとめることができた。基本的な考え方やデザインをとおして得られた知見については、学会発表や論文という形で報告したが、その直接的な体験はプロジェクトにかかわる私たちのなかに、まだ留められているものだった。そこで、「まち観帖」を活用したワークショップをデザインすることにした。私たちは、大学生を対象とした全五回のプログラムをデザインし、二〇一二年八月から九月にかけてワークショップを実施した。各回は、五時間程度の学習内容で構成されており、三回はフィールドワークの対象エリアとなった旧渋谷川界隈でまち歩きの実習を行った。参加した学生は、プログラムで指定された日程以外にも、課題に取り組むために現場を訪れたり、アイデア整理のためにグループワークに取り組んだりした。また、参加者と教員を登録したメーリングリストを作成し、必要に応じて電子メールを使いながら意見交換や補足説明を行った。「まち観帖」にかかわる知識が、できるかぎり分断されることのないよう工夫を試みながらワークショップをすすめた。

ワークショップは、あらかじめ公開していたプログラムどおりの進行を試みたが、実際には、現場の状況や参加者の理解度に応じて、適宜内容を調整・修正し、五回分のプログラムを運用することになった。このワークショップは、私たちがデザインした「まち観帖」を、体験的に学ぶ機会を提供することが主たる目的であったが、同時に、私たちの（デザイナーとしての）立場からは、ワークショップ型の学習環境デザインを理解し評価する目的もあった。「まち観帖」による「学び」を促進するためには、どのようなプログラムが望ましいのか。適切な課題設計や情報共有の方法など、「まち観帖」という「しかけ」を円滑に動かすためには、ファシリテーションに関わる実践知について体験的に考える必要があった。

私たちは、「まち観帖」をデザインする過程で、幾度もコミュニケーションの文脈を共有してきた。まち歩きはもちろんのこと、「型ことば」をつくるさいには、ことばのえらび方、文章の書き方について何度も議論した。一連のやりとりをとおして、私たちは、知らず知らずのうちに、〈モノ・コト〉の見方や考え方を共有するようになり、それが暗黙の前提となっていた。それ自体は、ごく自然なことして理解できるが、私たちにとって「あたりまえ」となった知識やふるまいを、ワークショップのプログラムのなかでどのように扱ってゆくかについて、考えがおよんでいなかった点があった。後述するが、身体的な知識を獲得するための方法を設計・実践しながらも、言語的・形式的な知識を整理する作業とのバランスをつねに意識しておくことが重要である。

具体的な記述

プログラムのなかで、ワークショップの参加者は、自らのまち歩きの体験に基づいて、新しい「型ことば」を作成することが求められた。すでに私たちがまとめてきた四九の「型ことば」と同様、「まちに存在するものや物理的空間的状況」×「それを観て／体感して、何を感じ、何を想い、どう（そこで）行動するか」という書式でフィールドワークの体験を言語化し、写真とともに編集することにした。ワークショップの終盤で、参加者から提出された「まち観の型ことば」を精査していく過程で、重要かつ興味ぶかい問題を再考することができた。

それは、カードの表面に書く文章の「具体性」に関わる問題である。「まち観の型ことば」は、個人（もしくはグループ）の個別具体的な体験に根ざした記述によって成り立つ。現場での体験は言語化されることになるが、読むだけで「イメージできる／情景を想い描ける」レベルの描写力が必要となる。そのためには、私たちの身体感覚に訴求するような詳細な記述が求められる。細部についての記述があればこそ、私たちはより普遍抽象的な理解へと誘われるからである。しかしながら、ワークショップという文脈において、どこまでの（どのような）「具体性」が必要かという点について、参加者向けに指針を明示するのは容易なことではない。

たとえば、あるグループは、「穏田神社《おんでんじんじゃ》」の立地状況にかんする「まち観の型ことば」について説明する際、映画『ライオンキング』のワンシーンを引き合いに出した。ポスターやＤＶＤのパッケージなどに描かれている、小高い丘からテーブル状に突き出した崖の突端から、眼下に広がる風景を眺めるというイメージである。この映画のポスターやＤＶＤのパッケージ等に親しみがあれば、「あの『ライオンキング』の……」という説明をするだけで、情景を想い描かせるにはじゅうぶんかもしれない。

だが、じつは本質的に重要なのは、その「型ことば」が語られる際の視座はどこかという点である。一歩引いて、遠くから俯瞰する視座を獲得しているならば、『ライオンキング』のワンシーンのように、突き出した崖の上からの風景を想い描けるような表現は適切だと言える。だが、この「型ことば」を提案しようとしたグループのメンバーは、じつは、かつて水が流れていた低地から崖の突端を見上げながら「それを観て／体感して、何を感じ、何を想い、どう（そこで）行動するか」を考えていたのである。

つまり、この場合に重要となるのは、調査者がどこに立ち、どの方向を見ながらまちを感じ取ったかという「具体性」である。下から上を見上げ、さらに谷から山を仰いでいるという地形との向き合い方が具体的に綴られないかぎり、この「型ことば」が息づくことはない。こうした点をふまえて再検討し、最終的には、調査者の視座にかんする情報が加わって、「川沿いの低地から見て岬の様に突き出した台地にそびえ立つ神社」×「神社が川沿いから広がるコミュニティの精神的な中心地であることを感じる」という「型ことば」に修正された。

つまり「まち観の型ことば」に要求される「具体性」は、緯度経度で示しうるリアルな場所の情報（カード上にサンプルとして呈示しうる場所の情報）や、情景をイメージさせる細やかな描写だけではなく、調査者の位置や視線の向きなどの情報がふくまれていることが望ましい。まちとの向き合い方は、そうした情報が提供されることによって、はじめて「具体的」になるのである。

第2章で述べたとおり、ワークショップは、個別具体的な〈モノ・コト〉と普遍抽象的な概念との橋渡しをするメディアとして理解することができる。このプロジェクトをとおしてつくられた「まち観の型ことば」は、ワークショップで活用する媒体としてデザインされた。ポストカードに記載する情報の抽象度は、ワークショップのファシリテーションのあり方にも影響をあたえる。

メンタリングの重要性

ワークショップの実施をつうじて、「まち観帖」を活用した学習環境においては、メンタリングが重要であることも明らかになった。ワークショップにおいて、参加者たちは、まち歩きはもとより

「型ことば」の提案にいたるまで、一貫してグループワークを行った。私たちは、「まち観帖」をひとつの「しかけ」として考案したので、導入部で学習のきっかけをつくることさえできれば、後はそれぞれのグループが自律的に学んでいくものだと期待していた。

しかしながら、たとえ感性開拓に資する「しかけ」として、ひとつの「パッケージ」にまとめられていたとしても、私たちが期待していたほどすみやかに理解され、実践に結びつくものではなかった。そもそも「まち観帖」の基本的な考え方、まち歩きに向き合う態度や方法は、私たちが一年以上かけて、何度となくまち歩きの体験を重ねながら培ったものであった。むしろ、わずかなトレーニングで「まち観帖」の方法論を期待どおりに体得できると考えることに、いささかの無理があったのかもしれない。

たとえば、第三回目のワークショップでは、それぞれのグループが「まち観の型ことば」（四九枚のカード）を持ってフィールドを歩き、具体的な場所と該当する「型ことば」との対応づけを試みた。それぞれのグループが、カードに記された〈型〉と合致する場所を挙げたが、どうやらカードの写真が必要以上に観察に影響をあたえてしまったようだ。地形的な高低差を感じていればすぐに間違いに気づくはずなのだが、緩やかに蛇行している道筋を見ただけで、そこがかなりの勾配のある道であっても「水路の痕跡」だと発想するというケースがあった。もちろん、その蛇行はかつての水路の存在と無縁ではないが、やや短絡的にカードの内容と観察結果を一致させようとする（つまり〈型〉にはめようとする）傾向が散見された。

私たちは、「まち観帖」のまちの感じ方、記録のしかたなどを実地で教授することが重要であると認識し、ワークショップの内容・運用方法を改訂した。いわゆる「巡検（エクスカーション）」という方式で、ある程度の経験を積んだ「メンター」とともにまちを歩き、どこで、どのようにまちを感じるのかについて語りながら、「まち観帖」の問題意識を伝えるというものである。「メンター」が、実際にどこで足を留め、何を見るのか。そして何を感じ、意味づけを行うのか。まちへの感受性や歩き方のコツは、「まち観の型ことば」というカードの束に圧縮されている。その圧縮された情報を、ふたたび現場で解凍（展開）するためには、「メンター」が重要な役割を果たしうることに気づいた。

第4章　ワークショップの生態

1　ワークショップをつくる

着想

　ワークショップの定義はさまざまあるが、おそらく共通しているのは、ワークショップは「方法」だという理解であろう。本書では、ワークショップを、私たちをとりまく〈モノ・コト〉の関係をわかりやすく理解するための、場づくりの方法として位置づけている。それは、概念的な理解（思考）と身体的な体験（行動）との橋渡しをする役割を担うことから、メディアとして理解することができる。「方法」ではあるものの、ワークショップは経験学習の機会として構想されることから、私たちは、ワークショップについて語るさい、しばしば「（とにかく）体験してみなければ、わからない」という言い方をする。ことばだけでは伝わりにくいのも事実だが、じつは「体験ありき」という側面を強調しすぎると、ワークショップを「目的」として理解しがちになる。

私たちは、さまざまな課題に向き合うための方法を欲しているために、つぎつぎと書籍などで紹介される「～法」や「～メソッド」に関心を寄せる。自分にとって未知の概念に、（まさに未知であるという理由で）憧れさえ抱くようにして、カタカナことばに惹きつけられる。便利で役に立ちそうな「～法」としてのイメージが先行すると、まずはとにかくワークショップを行えばよいという、本末転倒な発想に陥る。重要なのは、何のためにワークショップという方法を採用するのか、なぜワークショップが必要なのかについて考えることだ。それは、場合によっては、ワークショップを使わないという意思決定が求められることを意味する。問題意識と適切な形で結びついたときこそ、ワークショップはメディアとしての機能を発揮することになる。

そこで、ワークショップについて考える前に、自らが関心を抱いている学習内容（主題）と学習目的を明らかにすることが重要である。「体験ありき」に陥らないように、ある程度は自分自身の問題意識を明確にしたうえで、方法との整合性や相性を検討するのがよいだろう。たとえば第3章で紹介した「自画持参」は、ある具体的な体験が動機づけとなって、ワークショップを設計するにいたった。日常的な社会関係そのものを疑い、「あたりまえ」のやり方を再考するためには、仮想的・実践的な学習環境が不可欠であると考えたからである。コミュニケーションにかかわるさまざまなルールを変容させ、コミュニケーション〈をとおして〉学ぶという意味で、ワークショップという実践の方法が適していると判断したのである。

何らかの学習目的が明解な場合もあるが、ワークショップという方法そのものの開発に関心を抱く場合も少なくない。その場合は、ワークショップ〈をとおして〉ワークショップを考えるという、「メタ・ワークショップ」ともいうべき活動になるだろう。これまで述べてきたとおり、ワークショップという概念は、ひと頃よりも認知されるようになり、さまざまな領域で学習環境のあり方が探求されている。方法としての工夫や試みの多様性に触れ、関心を同じくする人びとと出会うきっかけになるため、こうしたワークショップにかんするワークショップも有意味であろう。ただ、ワークショップそのものが学習内容として位置づけられると、それは、「対象」として扱われる可能性がある点にも注意したい。他のさまざまな方法によって、ワークショップ〈について〉学ぶこともできるからである。

コンセプトワークとフィールドワーク

第１章で述べたとおり、ワークショップは、個別具体的な〈モノ・コト〉と、普遍抽象的な概念との橋渡しを担う、ひとつのメディアとして理解することができる。それは、わかりやすく単純化・形式化され、安全な試行を可能にする実験的な学習環境を提供するものだと言える。図１‐２に示したとおり、ワークショップは普遍抽象的な言明と個別具体的な〈モノ・コト〉との「あいだ」に位置しているので、ワークショップをデザインする手続きは、図中の左からでも右からでも（あるいは双方からでも）すすめることができるだろう。着想のあり方と同様、私たちの問題意識や日頃接している現場の状況に応じて、多様な道筋がある。

ひとつは、コンセプトワークからワークショップをデザインしてゆく道筋で、それは「演繹的」なアプローチだと理解することができる。図では、右から左へと向かうアプローチだと言える。ワークショップは、（広い意味での）学習に資する場づくりの活動なので、学習内容（主題）や学習目的について、まずは重要だと考えられる概念やキーワードを明確にしておく必要がある。たとえば身近な社会問題にかかわる用語から、さらに抽象度の高い思索的・哲学的な概念にいたるまで、何が主題となるのかを明らかにするとともに、学習目的も併せて言語化を試みる。学習目的は、学習内容と区別して位置づけられるべきものである。つまり、同じ主題であったとしても、学習目的に応じてことなる側面が際立つことになる。

「ゲーミング・シミュレーション」と呼ばれる分野では、さまざまな経験学習用のプログラム（学習ゲーム）が考案されてきたが、たとえばキャシー・グリーンブラットは『ゲーミング・シミュレーション作法』（一九九四）のなかで、ゲーミング・シミュレーションと教育目的を以下のように整理している。（同書は教材開発という文脈で整理されているので教育目的ということばが使われている。）

動機づけと興味づけ
- 主題とする事柄に関する動機づけと興味づけ
- その研究分野一般に対する動機づけと興味づけ
- 特定の話題をさらに研究するための動機づけと興味づけ

教育：情報の提供、あるいは他の形式ですでに与えられた情報の強化
- 事実
- 全体像またはシステム的な理解
- 特定の役割のシステム全体に対する関係
- 選択肢、政策、課題についてのより広い認識
- 特定の政策や事象により起こりうる結果

技能開発
- 批判的な思考と分析
- 意思決定
- 取引、交渉など対人技能
- コミュニケーション技能
- 企画書の作成、ラジオや新聞の記事原稿の執筆、予算書の作成といった特定の技能
- 求職活動、チーム内労働者の管理

態度変容

- 競争や協調といった社会的価値
- 他の役割にある人々に対する同感

自己による評価・他者による評価

- 自分の知識、技能、思い込み、態度、リーダーシップ能力に対する自覚
- 参加者の知識、技能、思い込み、態度、リーダーシップ能力に対する教師（またはトレーナーや雇用主）の評価

『ゲーミングシミュレーション作法』（一九九四）（邦訳：pp. 15–16）

ここに引用した一連の教育目的は、「ゲーミング・シミュレーション」という領域にかぎらず、ワークショップにおける学習目的として理解することができるだろう。ワークショップは、たんにある主題に関する知識を獲得するばかりでなく、技能の開発や態度の変容、評価にいたるまで、さまざまな目的に応じて使うことが可能である。重要なのは、これらの目的はワークショップを実施する前に想定されているもの（デザインの段階で想定されているもの）で、実際にワークショップの実践をとおして、その目的が遂行されるか（遂行することが可能か）については、実施過程の理解や評価にかかわる問題だと言えるだろう。つまり、ワークショップを事後的にふり返った場合には、もともと目的として想定されていなかった学習が行われる可能性もあるが、学習のための場としてワークショップ

を構想するさいには、事前に目的を明快にしておく必要がある。

いっぽう、フィールドワークをとおして、ワークショップをかたどってゆくやり方もある。日常生活で直面している個別具体的な状況をつぶさに観察し、詳細な記述を試みることによって、「帰納的」に場づくりの方法を形式化するという道筋である。図１－２では、左から右へと向かうアプローチとして理解することができる。私たちが日常的に向き合う〈モノ・コト〉は、一つひとつがユニークであり、その実態はじつに複雑である。フィールドワークからのアプローチは、現場で抱いた（個人的な）印象や感情を第三者に伝えられるように、より抽象度の高い表現を目指して言語化を試みる。第3章で紹介した「キャンプ」は、柴又（東京都葛飾区）で実験的に行ったフィールドワークがきっかけとなり、その後の試行錯誤を経て形式化された活動である。最初の試みでは、地域に暮らす人びとと直接やりとりしながら、参加者が一人ひとりのやり方で「柴又らしさ」を観察・記述した。その後、参加者の個別具体的な文脈とともに語られた記述を相互に参照することによって、共通点や相違点が明らかになり、複数の参加者が共有する気づき方やものの見方が緩やかに束ねられた。こうした過程を経て、完全に個人的なものでも、また柴又という地域に固有なものでもない、より汎用的なことばや語り口でフィールドワークの成果をまとめることができるようになった。

私たちの着想の源泉は多様であるが、問題意識は、コンセプトワークやフィールドワークをとおして整理することができる。その上で、当該の学習内容・学習目的に照らして、ワークショップが方法として適しているかどうかを見極めることが重要だ。当然のことながら、ワークショップは方法として万能ではなく、向き不向きがある。近年、「とにかく（とりあえず）ワークショップをしよう」というように、いささか安易にワークショップに頼ろうとする傾向が散見されるが、そうした理解と態度に陥らないためにも、コンセプトワークやフィールドワークといういとなみと丁寧に向き合わなければならないだろう。

デザイン

コンセプトワークやフィールドワークは、ワークショップをデザインするための基礎となる調査である。グループでワークショップのデザインに取り組む場合にも、共有しておくべき知識やデータを整理するのに役立つ。いずれにせよ、難解な概念でも、ごく私的なエピソードでもない、その「あいだ」に位置づけられる学習環境として、ワークショップが構想される。その際に重要なのは、対象との「適切な」距離感である。私たちは、難解だと思われる専門用語をはじめ、カタカナことばや略語、「バズワード」と呼ばれる流行りのキーワードにいたるまで、つねにさまざまな用語に囲まれ、ときには翻弄されながら暮らしている。とりわけ、ネットワーク環境の変化にともなって、さまざまな用語が（その信憑性や情報源が曖昧なまま）急速に拡散するようになった。肥大化する情報量に圧倒されながら、情報の選択にストレスを感じることも少なくないだろう。たとえ、（感覚的に）重要であるということは理解していても、抽象的な概念は身近な「自分事」としてとらえづらいために、

「辞書的」な定義で理解しがちになる。そのため、「辞書的」な説明に文脈の情報をあたえることで、より実態的な理解を促すことが、きわめて重要である。ワークショップは、普遍抽象的な概念を、より具体的な場面に投影しながら考えるための場を提供するものである。

いっぽう、個別具体的な事案は、直接的すぎて、そのまま扱うのが難しい場合もあるだろう。そうした場合には、抽象度を高めて語るほうが望ましい。もちろん、当事者意識を持つことは重要だが、学習の内容や問題の性質によっては、いわゆる「クッション」を設けたほうがいいこともある。個別具体的な問題の本質を的確にとらえていれば、単純化・抽象化されたワークショップのプログラムにおいても、当事者意識をもって臨むことができるはずである。

第3章で紹介した「キャンプ」は、定性的な調査方法として、観察・記述から成果の公開にいたる一連の活動をまとめる試みである。具体的な実施の場面は毎回ことなるが、基本的な考え方や活動の手順を抽象化し、ワークショップとして形式化したことで、反復可能なプログラムとなった。「キャンプ」は、既存の「キャンパス」での学習と対比させるためのメタファーとして活動の全体を貫いているが、一連の活動を語るための用語（およびその用法）もつくられることとなった。

また、「まち観帖」の事例で紹介したように、ワークショップをデザインするさいには、どの程度まで抽象化を行うかが重要かつ難しい課題となる。ワークショップの参加者が、ごく自然に自らの身近な出来事に結びつけることができる程度の具体性を担保しながらも、類似の状況や他の文脈に置き換えて発想できるくらいの抽象度を求めるということだ。当然のことながら、安全な実験環境にするためには、ワークショップの参加者に心理的な負担をかけないための配慮も必要である。

2 ワークショップを実践する

試行実験

ワークショップが、ひとまず実施可能な形にまとまると、実際にどのような実践になるのか試してみることになる。この段階では、まだその可能性を探索している状態なので、いわば「試作品」の評価という意味合いが強いと言えるだろう。ワークショップは、経験学習の理論にもとづいて設計されることが多いが、まさに直接体験こそが「学び」の源泉だという前提であるから、試行を重ねながら完成に向かうのは、ごく自然な流れである。ものづくりにおいても、「プロトタイプ」や「モックアップ」と呼ばれる「試作品」をつくって、その出来映えを見ながら調整を行う。ワークショップも、同様に、試作段階のプログラムを体験しながら改修を行う。私自身の経験では、広く第三者に公開する前に、同僚や仲間たちを参加者として招いて、ワークショップを試験的に実施することが多い。また、大学教員という立場でいると、しばしば学生たちが最初の協力者になる。同僚や仲間でも、とりわけワークショップについての知識や経験のあるメンバーに参加を求めるため、対象となるサンプルとしてはバイアスがかかっているという議論もあるいっぽうで、文脈を共有しているからこそ得られるコメントもたくさんある。

ワークショップという場づくりは、さまざまな要素の組み合わせによって実現する。たとえば会場となる空間の設計、資料の準備、時間配分など、プログラムの基本的な構成もふまえて、直接体験を伴う形で試行することが望ましい。当然のことながら、雰囲気づくりなどもふくめたファシリテーションの方法についても検討しておく必要がある。とくに、授業やセミナーなど、具体的な実施の条件が想定されている場合には、準備から実施、撤収（片づけ）までの一連の活動が、所定の時間枠に収まるかどうか、できるかぎり「本番」に近い状況で実施しなければならないだろう。

調整と修正

ワークショップのデザインをすすめるさいには、着想の段階でワークショップに求めていた要件を満たしているかどうかという観点から「作り込み」を行う。つまり、具体的な学習目的との関連や、参加者どうしのコミュニケーションを促す仕組みづくりなど、多面的に要件を再確認する。

たとえば第3章で紹介した「自画持参」の場合は、具体的な実施方法について、ある程度アイデアがまとまった段階で、知人らを招いて試験的にワークショップを行った。その際、ワークショップの実施後に、参加者からの意見や感想を聞いて、その感触を確かめることができた。それぞれの参加者が、自分の専門や関心領域と結びつけながら語ってくれたので、大いに参考になった。試験段階で知人や友人たちに体験してもらうことのメリットは、率直に忌憚のない意見収集ができるという点だろう。また、私たちが暗黙のうちに想定していた実施条件や参加者の反応などについて、再確認する機会にもなる。

アンケートやヒアリングなど、言語化をとおしてワークショップの試行について評価を試みることは重要だが、同時に、ビデオや音声による記録も併用するとよい。「自画持参」を実験的に実施した際には、会場にビデオカメラを据えて、定点から現場のようすを記録しておき、後から現場の状況を再現しながらふり返りを行った。ビデオによる記録は、アンケートや事後のインタビューなどでは把握することのできない、参加者たちのふるまいを知るのに役立つ。ちょっとした発話（ひとり言や歓声などもふくむ）や非言語的な行動も、さらには会話のなかに生まれる「間《ま》」もそのまま記録されているので、ワークショップ全体の流れを確認することができる。また、当然のことながら、ファシリテーターのふるまい（および、それに対する参加者の反応）も再現することができるため、プログラムへの導入や説明、進行にかかわる留意点などの評価にも使える。

アンケートやヒアリング、あるいは実施状況の記録などをふまえて、さらに調整や改変を行うことで、ワークショップの完成度が高まってゆく。試行と修正をくり返す過程こそが、ワークショップデザイナーにとって重要な「つくりながら考える・考えながらつくる」という経験学習の実践となる。「まち観帖」の場合は、まち歩きを終えた直後に、そのまま界隈にあるカフェに行き、その日の行程をふり返るとともに感じたこと・気づいたことについて話し合う時間を設けた。また、まち歩きの際には、各自がボイスレコーダーを身に付け、歩いている最中の音声を録音した。二人の会話はもちろんのこと、ひとり言やまちの音（クルマの往来や鳥のさえずりなど）も鮮明に録音されるため、後日、現場のようすや思考の過程を（不完全ながらも）再生することができた。フィールドワークとディスカッションを交互にくり返し、思考と行動との一体化を意識しながら「まち観の型ことば」のカードづくりに取り組んだ。

形式化

幾度かの試行と修正をとおして、ワークショップは形式化されてゆく。この形式化の問題は、じつはワークショップに対する考え方と密接に関連している。形式化は、デザインの過程に直接かかわりを持たない第三者に対して、ワークショップの背後にある問題意識をわかりやすくまとめる試みとして理解することができる。方法としての汎用的・一般的な活用について考えるとき、ワークショップは何らかの形で「独り立ち」を求められるのである。すでに述べたとおり、「知識創造」と「知識伝達」は、つねに同じ主体が担うとはかぎらない。つまり、ワークショップデザイナーとワークショップの企画者、ファシリテーターは、同じである必要はない。

したがって、「知識伝達」のためにワークショップという方法がえらばれる際には、すでに「ある」(つまり、誰かによってデザインされた)ワークショップを活用することになる。ワークショップデザイナーと呼ばれる職能が生まれたのは、ワークショップデザイナーと、ワークショップの利用者がことなる場合がありうるという前提で成り立っているからだと考えることができる。実際に、山内らの『ワークショップデザイン論』で紹介されているのは、デザイナーが「クライアント」とのやりとりをくり返しながら、デザインの過程が進行するという事例である。それは、ワークショップデザイナーが「クライアント」の要求に応え、最終的にはワークショップを流通可能な形にまとめることを目指すものであった。

「パッケージング」というマーケティングの用語がある。文字どおり、商品を保護するための包装を指しているが、競合する商品との差別化やブランドイメージの確立に寄与する側面として、品質や価格などと並んで重要視されている。ワークショップのプログラムも、そのコンセプトや期待される効果(学習目的)、運用方法をふくめて、「パッケージング」が行われる。そして、ワークショップのプログラムは、その方法(および効果)に商品価値が認められる場合には、対価を伴う形で流通することになる。

「自画持参」の場合は、数回の試行を経てから定期開催のワークショップへと展開した。いわゆる「評価用」のバージョンをまず関係者に試してもらい、細かい調整を経てから、正式に公開する流れになった。正式な公開にあたっては、主旨の説明や紹介文なども併せて整え、ウェブサイトも構築した。形式化され、流通可能になると、当然のことながらワークショップにかんする情報は拡散し、認知度が高まることになる。同時にそれは、ワークショップのアイデアやノウハウ、素材が複製される可能性が高まることを意味している。

「パッケージング」の手続きのなかには、その複製や頒布にかんするルールなどもふくまれているが、私たちは、流通している情報を入手し、（時にはデザイナーに無断で）試したり変更を加えたりする。そして、形式化がすすめばすすむほど、ワークショップはデザインされた文脈（つまり「知識創造」の現場）から切り離されて、共有されるようになる。すでに触れたとおり、「自画持参」については、コミュニケーションの構造を変えるという本来の主題よりも、がちゃがちゃのカプセルを使用するという（もっぱら表面的な）側面が際立つことによって、あたらしい呼称が使われるようになったり、あるいは、常連の参加者が生まれることによって、手続きの省略・改変が行われたりするようになった。

「キャンプ」にかんしては、やや特殊なスタイルのワークショップであるが、実施から数年後に「フィールドワークの方法」という位置づけで整理をはじめ、最初の実験的な試みから五年後に『キャンプ論』と題する書籍として、基本的な考え方や運用の実際を公開する形をとった。「キャンプ」は、場数《ばかず》が増えるとともに、ある程度安定的に実践を続けられるようにはなったが、実際には、フィールドワーク先の地域特性や共同で運営に関わる主体が毎回ことなるため、つねに調整や改変を必要とする「評価用」のバージョンのままだという理解のほうが正しいかもしれない。

3　ワークショップを育てる

情報の共有と普及

「パッケージング」されたワークショップのプログラムは、デザイナーの手を離れて、さまざまな場面で活用されることになる。デザイナーは、「完成」させた段階でひとまず役目を終え、あとはプログラムの出来を「世に問う」ことになる。もちろん、「完成」させたあとでも改良や修正の余地はあるが、デザイナーは、一つひとつの現場に立ち合うわけではないので、基本的にはワークショップの企画者や参加者が、それぞれの立場で評価を行う。その意味では、どのような評価を受けようとも、まずはそのまま受け止める姿勢が求められる。プログラムを「完成」させたら、デザイナーに言い訳

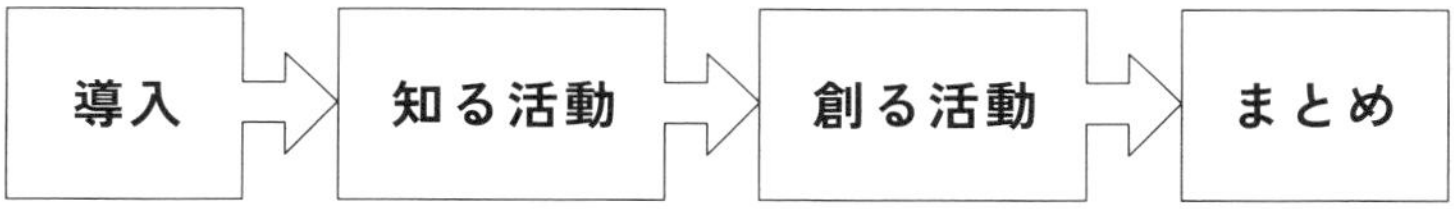

図4-1　ワークショップの基本構造　山内・森・安斎（2013）をもとに作成

は許されない。というより、デザイナーは、その覚悟とともに「完成」を宣言するということだ。

ワークショップのプログラムは、さまざまな場面で活用されることをとおして育ってゆく。実施回数だけですべてが決まるわけではないが、ワークショップの実践が増えれば、その分、プログラムの評価や評判が蓄積され、共有されるようになる。当然のことながら、評判の良いものはさらに多くの場面で活用され、試行を経てさらに質の高いプログラムへと更新されていくだろう。後述するように「わかりやすさ」や「おもしろさ」は、ワークショップのプログラムを評価するさいの重要な基準になるはずだ。さまざまなプログラムにかんする情報は公開され、そのなかで市場原理がはたらくので、良いプログラムはますます活用され、逆にさほどの評価を得られないものは駆逐されていく。

ワークショップのプログラムを構成する活動として、さまざまな演習が考案されているが、たとえば

「研修ゲーム」「研修教育ゲーム」といったキーワードで検索すると、たくさんの書籍を見つけることができる。また、第1章で紹介したとおり、ワークショップの導入部で用いられることの多い「アイスブレーク」と呼ばれる活動についても、ヒントやすぐに使える素材などがまとめられて公開されている。こうした書籍や資料（ワークシート）は、いわばさまざまな活動を収録したカタログのようなものであるから、ワークショップの目的や実施の条件に併せて適切なものがえらばれることになる。

つまり、ワークショップのデザインは、デザイナー自身が考案する活動はもちろんのこと、書籍や資料として流通しているものもふくめて、ひとつのプログラムを編集する活動だと言える。目的、参加者の人数・属性（ワークショップの経験）、時間・空間の条件などを勘案しながら、デザイナーが想い描く「ものがたり」に即して一連の活動を配列し、実施可能なワークショップに仕立ててゆく。たとえば『ワークショップデザイン論』では、その典型的な構成として、図4－1のような「基本モデル」を紹介している。このモデルを設計の指針として、プログラムを経験学習の理論に対応づける形で、「導入」「知る活動」「創る活動」「まとめ」という四段階でワークショップを構成することを提案している。言うまでもなく、プログラムを構成する一つひとつの活動のみならず、四つの段階が「わかりやすさ」や「おもしろさ」を担保しながら、円滑に結びつけられることで「全体として」デザインされる必要があるだろう。

ワークショップの「完成」

ところで、ワークショップの形式化や「パッケージング」は、重要かつ興味ぶかい問題と密接に関連している。それは、ワークショップの「完成」をどう考えるかという問題である。ワークショップデザインという活動は、それ自体を経験学習の過程として理解することができるが、ワークショップは、どの段階で「完成」と呼べるのだろうか。すでに述べたとおり、ワークショップの現場ではさまざまな予期せぬ出来事に遭遇する。周到に準備していても、デザイナーの思いどおりに進行するとはかぎらないのだ。こうした場面に向き合うとき、少なくとも二つの対処方法がある。

まず、ワークショップという方法そのものを見直し、場合によってはちがう方法に切り替えるという発想である。少なくとも、その決断も、ひとつの可能性として想定しておくことは重要であろう。ワークショップという方法への思い入れが強く、また無視できないほどの時間やエネルギーを投じてデザインをすすめてきたのであれば、その決断は受け容れがたいものであることはまちがいない。だが、ワークショップを方法として理解するのであれば、ワークショップに固執することなく、そもそもの問題意識（学習内容・学習目的）に立ち戻って、その目的を達成するためにふさわしい代替的な方法を採用することについて、前向きに考えるべきだろう。どうしても、ワークショップを実施しなければならないということはないはずだ。ワークショップが「目的」ではなく、「方法」であるという点がたびたび強調されるのは、一度採用しようと決めたやり方を潔く諦めることに対して、私たちが強い拒絶感を示すからだ。

もうひとつは、方法としてのワークショップは「完成」するものではなく、つねに改良・改変の余地が埋め込まれた「半成品」であるという点を明示的に扱うというやり方だ。つまり、幾度かの試行を経て「世に問う」ものとして形になったとしても、それは、暫定的なものにすぎないという態度で向き合うということだ。コンピューターのアプリケーションが、逐次、バージョンアップをくり返しているように、ワークショップのプログラムも、更新を重ねながら変化してゆくものとして扱うのである。第3章で紹介した「まち観帖」については、実施のプロセスを図3－6および図3－7のように表現していた。論文への掲載時には、これらの二枚の図を用いたが、「まち観帖」による学びは、本質的には環状のプロセスとして設計されている。つまり「カード」として言語化・形式化された「型ことば」という記述は暫定的なものにすぎず、つねにあたらしい可能性に対して開放的であることを目指して設計されていた。

定着（あるいは惰性と弛み）

ワークショップという活動は、時間とともに変化し成長する。図4－2は、その成長過程を図示したものである。「普及学」と呼ばれる分野で馴染みのあるS字のカーブでは、通常、縦軸は〈モノ・コト〉の普及率を、横軸は時間の流れを示す。あたらしい〈モノ・コト〉は時間とともに人びとに認知され、受け容れられ、いずれは普及率が一〇〇％（ある種の飽和状態）に向かうという流れを表すのに用い

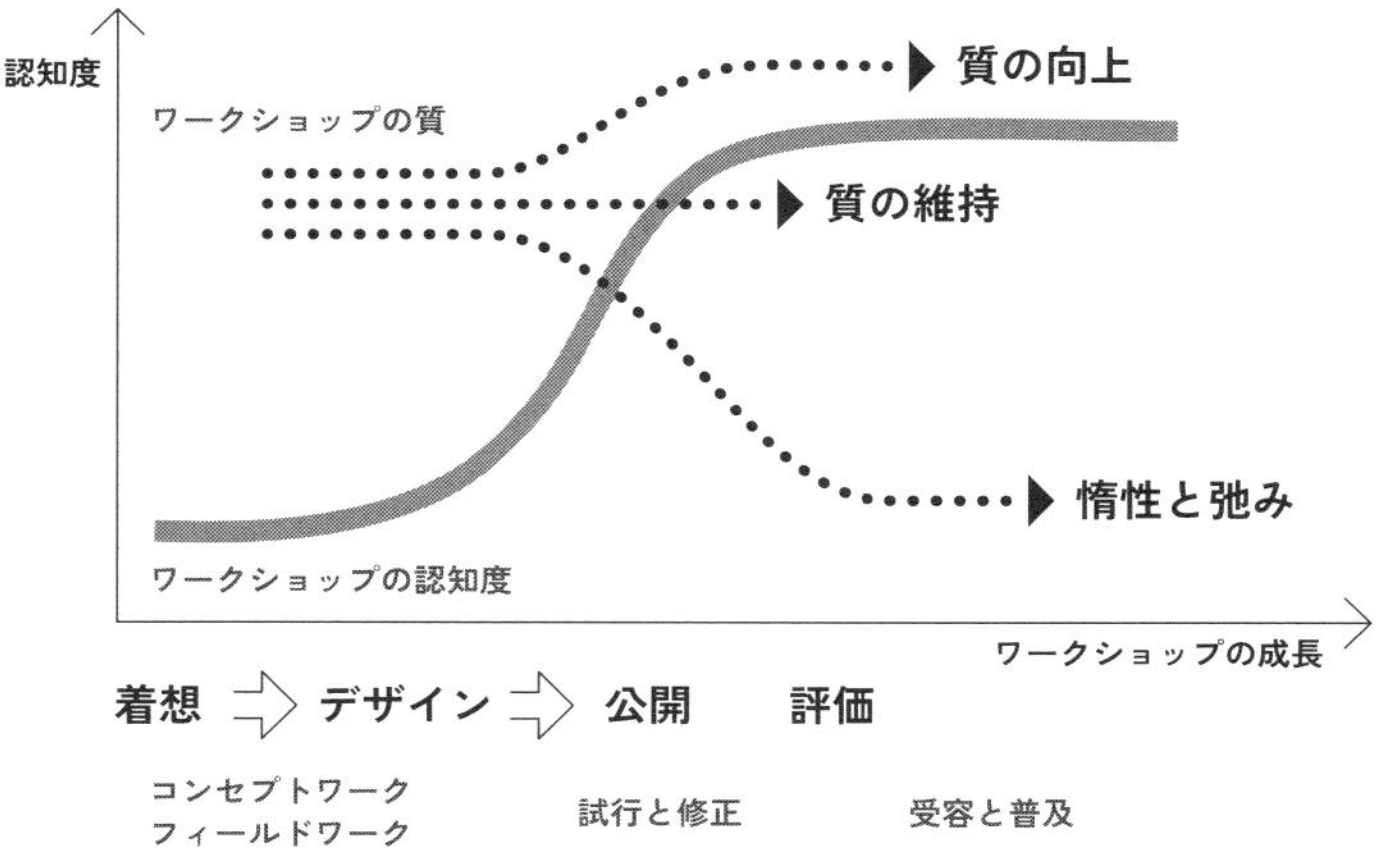

図 4-2　ワークショップの成長とクオリティの変化

られる。S字で表現されているのは、初期の段階では緩やかにはじまり、やがて急速な成長を経て、緩やかに限界に向かうことが経験的に知られているからである。短期間で爆発的に人気を獲得する場合は、カーブが急勾配になる。いっぽう、なかなか認知されず、広範な普及が実現することなく（つまり目指すべき普及率一〇〇%に届かぬまま）、姿を消す〈モノ・コト〉もある。

技術進歩も、ひとつの学習過程の所産であるから、このS字カーブは学習曲線として理解することができるだろう。図は、これまでの議論をふまえて、ワークショップのデザイン（プログラムおよび場づくりの方法もふくめた「全体として」の活動）が、時間の経過とともに辿る経路を、模式的に表している。ここでは、縦軸にワークショップ（プログラム）の「認知度」、横軸には「ワークショップの成長」を示している。ワークショップは、着想からコンセプトワークやフィールドワークといった基礎調査を経て、段階的にデザインされる。そして、幾度かの試行と調整をくり返しながら精緻化され、形式化される。(暫定的ではあっても)「完成」したワークショップのプログラムは、その「パッケージング」や広報・情報共有のいかんによって、認知度を高めてゆくことになる。

ワークショップの体験をとおして、ワークショップにかかわるさまざまな主体が学習する。たとえばファシリテーターは、現場での実践経験を積み重ねることによって、ワークショップの運用の仕方を身体的に理解してゆく。場づくりをすすめることで、時間、空間、情報を整備する能力やセンスが培われて、経験のレパートリーが豊かになるので、ワークショップの最中に予期せぬ出来事に遭遇しても、即興的な判断で状況に向き合うことができるようになる。もちろん、参加者も学習する。何度かワークショップに参加することで、その場におけるふるまい方を学ぶ。慣れてくれば、ワークショップでの体験を手がかりに、次の展開を予想したり、心の準備をしたりできるようになる。つまり、善くも悪くも「ワークショップ慣れ」した参加者になる。ファシリテーターも参加者も、それぞれの経験にもとづいて、ワークショップにおいて適切だと思われるふるまいをえらぶ。

だが、ワークショップの成長は、自然に委ねられているわけではない。ワークショップのプログラムに埋め込まれた理念や設計思想を正しく理解し、本来のねらいどおりに運用されることが望ましい。そのためには、ある種の「品質管理」が必要だと言えるだろう。すでに述べたとおり、ワークショップのプログラムは、ひとたびデザイナーの手を離れると、さまざまな改変が行われることも事実である。もちろん、現場に合わせて調整することは必要だが、ワークショップの質は、オリジナルのデザインにどこまで忠実に実践できるかにかかっている。図中の点線で示したように、時間を経ても、本来の質を保ちながらワークショップが運用されることが望ましい。もちろん、継続的に質を維持するばかりか、さらに質が向上すること（つまり、細やかな調整によってよりよいワークショップへと改変されること）は、歓迎すべきことだと言えるだろう。

いっぽう、気をつけなければならないシナリオは、慣れによる惰性や弛みである。経験学習は、直接体験こそが学びの源泉であるという考え方にもとづく実践である。したがって、何度かワークショップを経験することで、学習内容のみならず、現場でのふるまい方も学ぶことになる。慣れてくると、本来必要なはずの段階を簡略化したり省略したりすることもある。また、ある種の惰性でワークショップがくり返されることも起きる。ファシリテーターも参加者も「こなすだけ」のワークショップになってしまうと、もはや学びの場としての機能は損なわれているはずだ。極端な場合には、ワークショップを実施したという事実がいわば「アリバイ」のように使われる。「情報公開」や「意思決定の透明性」が求められる風潮のなか、「参加型のワークショップを実施し、その上で決議された」というひと言のために、形だけ、こなすだけのワークショップが行われることもある。

さらに問題なのは、その形だけ、こなすだけのワークショップさえもが、愉しい活動としてとらえられている場合である。ワークショップという学習環境の雰囲気や全体の流ればかりに意識が向いて、内容は二の次になるということだ。もちろん、ワークショップはある主題と目的のために採用される方法であるとともに、人びととの出会いや交流をもたらす場であることはまちがいない。ワークショップの本来の（学習環境としての）質を維持してこそ、交流やコミュニケーションの価値も高まるはずだ。ワークショップの質は、デザイナー（現場に居合わせないことも多いが）、ファシリテーター、参加者の相互作用の所産である。それぞれが、どのように出会い、ワークショップという場でどのように関係を築くかに応じて、ワークショップの成長過程もさまざまな径路を辿ることになる。

4　ワークショップを評価する

評価者の視座

これまで述べてきたように、ワークショップは、何らかの問題意識（主題と目的）にもとづいて考案され、試行をくり返しながら形式化に向かう。やがて評判とともに認知度も高まると、頻繁にワークショップが実施されるようになり、参加者もファシリテーターも、それぞれのかかわりのなかで

評価の対象 ＼ 評価者	参加者 参加体験 （知識修得）	ファシリテーター ファシリテーション （知識伝達）	デザイナー プログラム （知識創造）
参加者	①	②	③
ファシリテーター	④	⑤	⑥
デザイナー	⑦	⑧	⑨

図 4-3　ワークショップを評価する視座

ワークショップの経験を蓄積してゆく。当然のことながら、実施される回数ばかりではなく、ワークショップの質が維持されること（さらに高められること）が望ましい。その質の維持・向上は、ワークショップの評価と密接にかかわっている。毎回の経験をふり返り、概念的な理解を試みる過程が疎かになると、惰性でワークショップをくり返すことになりかねない。慣れや熟達は歓迎すべきことだが、毎回のワークショップが一回性のユニークなものであることを、つねに忘れずにいることこそが重要であろう。そのためには、他者からの評価ばかりではなく、自己評価・自己批判をくり返す方法や態度も、ワークショップ（プログラム）の構造自体に組み込んでおく必要がある。

ワークショップは、いくつかの観点から評価することができるが、以下では図４－３のように、評価者と評価の対象によって場合分けをしながら考えてみよう。ここでは、「参加者」「ファシリテーター」「デザイナー」という三つのことなる役割を想定している。たとえば、自分でデザインした活動プログラムを用いてワークショップを運営するような場合には「デザイナー」と「ファシリテーター」という二つの役割を一人が担うことになる。また、当然のことながら、他にもワークショップにかかわる役割は考えることができるだろう。だが、この図では、第2章で触れた「学校化」の問題をふまえ、この三つの役割を想定しながら整理を試みる。というのも、「デザイナー」はワークショップの重要な構成要素であるプログラムを考案し形にするという「知識創造」にかかわり、「ファシリテーター」は(「デザイナー」と同一人物である場合も少なくないが)現場でプログラムを実施する「知識伝達」に関与し、「参加者」はワークショップをとおして「知識修得」を目指すと考えることができるからである。

もちろん、実際の現場は、はるかに複雑で、役割関係も重層的であるが、ワークショップの「学校化」がすすんでいるのではないかという問題意識とともに、「学習転移モデル」と対応づけながら、評価のあり方について考えてみたい。重要なのは、「学習転移モデル」による理解が、ワークショップの評価のあり方にも影響をあたえている可能性があるという点だ。私たちは、学習過程や学習環境のデザインと密接にかかわっている評価の手続きや取り組み方も、さまざまな形で断片化・分節化されていることを問い直す必要があるのだ。

参加者による評価

ワークショップという学習環境は、そもそも参加者の学習のためにデザインされ提供されているのであるから、参加者による評価は、ワークショップを理解するうえで欠かすことができない。参加者に対しては、たとえばアンケートのような形式で記入シートを配布し、ワークショップの評価を求めることができる。このやり方は、プログラムのなかに自然な形で組み込めるものだ。

①参加者による参加者（参加体験）の評価

参加者による自身の評価やふり返りは、ワークショップのプログラムに組み込まれていることが多い。最も典型的なのは、ワークショップの後半で「ふり返り」の時間を設けて、そのなかで参加者が自らのふるまいやワークショップを体験した感想や印象を語るというやり方だ。あるいは、質問用紙を配布して記入を求める方法もある。選択肢をえらんで回答するもの、あるいは自由記述を求めるものなど、設問や回答方法によって、得られる評価はことなる。

大学の講義などでワークショップを実施する際、その場で参加者に自身のふるまいについてふり返るように要求することがあるが、その方法には注意が必要だ。というのも、ワークショップの直後はある種の高揚感につつまれていたり、あるいは体験をじゅうぶんに咀嚼できなかったりするからである。実施直後の感情の流れを記録するとともに、いちど「クールダウン」してから、あらためて自分が埋め込まれていた状況をふり返りながら、自分自身について考えることも重要であろう。「フォローアップ」と称して、ワークショップを実施した後に質問用紙やインタビューを行う試みもある。

参加者による参加者の評価は、プログラムのデザインの際、慎重に考えておく必要がある。たとえば、ファシリテーターが講評を行った後で、発言や用紙への記入を求めると、(直前の)ファシリテーターの発言そのものが、参加者の自己評価に影響をあたえる可能性がある。ファシリテーターが「今日の参加者は、いつもよりちょっとおとなしく見えたので、もっと積極的に発言するとよかった」という感想を述べたとしよう。このひと言は、ファシリテーターの素朴な印象にすぎないのだが、ワークショップが実施された状況しだいで、参加者自身の自己評価に影響をおよぼす。(一人ひとりにどのように届くかはともかく)ファシリテーターのさりげないひと言が、参加者にある種の考え方を要求することになるからである。

とくに、学校や研修などの文脈でワークショップが実施されている場合には、「模範的」な発言をすることが「よい」ことだと理解される。その状況で、参加者に自身のふるまいについてふり返るように求めると、「こんどからは、もっと積極的に発言しようと思う」「自分はちょっと気後れして、いつもより静かだったかもしれない」など、ファシリテーターによる状況の定義にもとづいて語ることになる。ワークショップが企業の「研修」として実施されるような場合にも、参加者は、自分自身が現場でどのように見られているかに敏感になりながらふるまうことになる。ワークショップという「実験」における発言やふるまいが、その文脈を越えて評価されるかもしれないという可能性は否定できないからである。結果として、無難な当たり障りのない発言で、その場をしのぐことが、最善のふるまいであると考えることにもなる。それは、ワークショップがある種の仮想性をもった、安全な「実験」の場としてデザインされているとしても、さまざまな社会的な文脈と無縁ではいられないことを示唆している。

②参加者によるファシリテーター（ファシリテーション）の評価

参加者によるファシリテーター（ファシリテーション）の評価も、プログラムのなかのふり返りや、質問用紙への回答をとおして行われることが多い。ファシリテーターにとっては、今後の実践に役立つ重要な情報になる。だが、上述のとおり、ワークショップは、理屈では「安全」な学習環境を目指してデザインされているとしても、さまざまな社会関係と完全に切り離されているわけではない。たんなる参加者とファシリテーターという（ワークショップに固有の）関係を越えて、他の人間関係が想定されると、参加者による評価にも影響がおよぶだろう。

ファシリテーターへの疑問や批判は、ワークショップという実験的・探索的な文脈における、ひとつの役割演技に対するものであることを意識した上で発言したとしても、個人的なこととして受け取られたり、ワークショップという文脈を越えて理解されたりする可能性がある。私たちの学習環境はさまざまな理由で時間的・空間的に分断される傾向にあるにもかかわらず、社会的な関係については、善くも悪くも（たまには執拗なほどに）覚えられていることが多い。「あれはワークショップでの話だから」という正当な理由があったとしても、根に持たれることを避けるために、（本音を言わずに）控えめの評価に留められる場合もあるだろう。

③参加者によるワークショップ（デザイン）の評価

本書で述べてきたワークショップのデザイン過程においては、「完成」にいたるまでのあいだに、試行的な実践が行われることが多い。それは、まさに参加者がワークショップ（デザイン）を評価するための場であると言えるだろう。そして、必要に応じて、そのさいに挙がった意見やアドバイスをデザインに反映させることが、デザイナーから参加者への回答になる。もし対価をともなう形で、ワークショップのプログラムが流通している場合には、最も直接的でわかりやすい評価は、市場の動向に表れる。同じ学習内容・学習目的の実現に役立ちそうな、競合的なワークショップのプログラムが考案され、その評価が高まっていれば、それは自らのプログラムの位置づけが相対的に下がっていることを示す。それは、間接的だが、参加者によるワークショップ（デザイン）に対する評価の表れとして理解することができる。

参加者がワークショップのデザインを評価するさいに重要なのは、「おもしろさ」と「わかりやすさ」であろう。数年前、大学生向けに、ワークショップをデザインする演習を実施したことがある。野毛町（横浜市）をフィールドに、「まちで遊ぶ」活動をデザインする課題であった。この実習をとおしてデザインされた学習ゲームは、直感的にわかりやすいものだった。考案されたのは、野毛町界隈の起伏のある地形を活かしたゲームであったが、そのなかで、しりとり、おにごっこ、じゃんけんをしながら階段などをすすむ（チヨコレイト・グリコ・パイナップル）といった、誰もが経験したことのある遊びの要素が組み合わされていた。この組み合わせは、ワークショップのわかりやすさの実現に貢献していたと思われる。加えて、神社の境内がスタート地点としてえらばれたことで、まちを舞台とするワークショップの文脈設定もわかりやすいものになった。

同時に、ワークショップのプログラムにはおもしろさが要求されることにも気づいた。野毛というまちの魅力自体も重要であったが、ケータイというメディアによる通信（指令を受け取る・写真を撮って送るなど）をしながらも、まちを歩き、他の対戦相手のグループにも目配りをするという、ことなる環境の組み合わせ・融合が、おもしろさを構成したと考えられる。

この事例にかぎらず、実験的・仮想的な文脈において、コミュニケーションを活性化させる場づくりの方法としてワークショップをとらえると、「わかりやすさ」と「おもしろさ」は、重要な評価基準になると言えるだろう。

ファシリテーターによる評価

ファシリテーターも、ワークショップという場を成り立たせるのに欠くことのできない存在である。ファシリテーターは、プログラムの進行に携わり、参加者のようすを見ながら、場づくりを行う。当然、準備の段階からかかわっていることが多いので、一部始終を目撃しているという意味で、ワークショップを評価する際には、ファシリテーターの視座はきわめて重要である。

④ファシリテーターによる参加者（参加体験）の評価

ファシリテーターによる参加者の評価は、少なくとも二通りある。まず、ファシリテーターは、ワークショップの参加者に向けた講評を行う。ワークショップのプログラムには、後半の「まとめ（ラップアップ）」の前に「ふり返り」の時間が設けられていることが多い。こうしたプログラムのなかに組み込まれた評価は、当然のことながら、参加者に対して開放的な場で行われる。具体的に良かったところ、気になったところなど、ファシリテーションに携わった立場から講評が行われる。学校という文脈で実施したワークショップであれば、もっともわかりやすい評価は、「成績」という形で表れる。研修やセミナーの場合でも、参加者のワークショップにおける発言やふるまいが評価される。修了証が発行されたり、（ワークショップのプログラムによっては）優秀な参加者が表彰されたりするのも、ファシリテーターによる参加者の評価の方法だと理解することができるだろう。当然のことながら、参加者全員の前で、公開された形で講評が行われる場合には、さまざまな社会的な関係に配慮した評価になるだろう。

いっぽう、参加者に対して公開されない評価もある。それは、さまざまな事情で、参加者に直接的に伝えることが難しい場合である。ワークショップが、授業やセミナー、研修などの社会的な状況で実施される場合には、（ある程度の公開性を伴う形で）参加者に向けられた評価とは別に、運営主体等に向けた評価が行われることもある。たとえば、企業の研修であれば、別途、参加者の上司や人事部の担当者に向けて、参加者にかんする所見を報告するような場合である。この場合は、その評価内容が参加者本人には伝わらないように配慮されている。いわゆる「ここだけの話」（機密性の高い話）として、参加者にかんする評価が（参加者にアクセスできない形で）関係者に伝えられているということだ。

⑤ファシリテーターによるファシリテーション（ファシリテーター）の評価

ファシリテーターによる、自身のファシリテーションにかんする評価も、参加者には伝えることのできない「ここだけの話」にふくまれていることが多い。ワークショップを終えた後で、公開された形で自身のファシリテーションについて自己評価を行うこともあるが、多くの場合、ファシリテーターによる、自身のふるまいについての評価は閉じられていると言えるだろう。

ファシリテーターは、ワークショップの現場で、絶えず即興的な意思決定を行っている。参加者のふるまいを見ながら、適宜ファシリテーションの方法を調整し、ワークショップがプログラムどおりに進行するように努める。もし仮に、思いどおりに行かなかった場合でも、ファシリテーションに慣れていれば、何とか取り繕うことができる。というのも、授業も研修も〈講師―受講者〉という制度的・構造的な力関係を前提に成り立っているので、（たとえファシリテーターのほうに問題があったとしても）ファシリテーターのふるまいを正当化することができるからである。仮に、ファシリテーターに対する参加者からの不満や否定的なコメントがあったとしても、あくまでもそれは参加者の問題として説明を行うことが可能である。たとえば「今日の参加者のふるまいには、日頃の勉強不足が露呈していた」「自分はいつもどおりのファシリテーションを心がけたが、全員ワークショップに不慣れなようだった」など、ファシリテーター自身ではなく、参加者の属性や状態に起因することとして、ワークショップを語ろうとする。じつは、ワークショップにおいて、予期していなかった場面に遭遇すること、とりわけファシリテーションそのものに対する疑問などに触れることは、ファシリテーターにとって意味のある学習の契機だと言えるが、都合の悪い内容については語られることが少ない。

⑥ファシリテーターによるデザイン（プログラム）の評価

ファシリテーターによるデザイン（プログラム）の評価も、ワークショップの成長に深くかかわっていると言える。ワークショップの企画・運営を試みる場合、既存の「使えそうな」プログラムが活用される。すでに述べたように、プログラムを構成するさまざまな活動が、カタログのようになって束ねられた資料や書籍はたくさん流通している。ファシリテーターは、こうしたプログラムのなかで、実際に活用しながらその「使い心地」を体験する。

当然のことながら、使用感がよければくり返し同じデザイン（プログラム）を採用し、逆に不具合や不満があれば、他の可能性を模索する。こうしたファシリテーターによるデザイン（プログラム）の評価が、適切な方法やタイミングでデザイナーに届けられていれば、それはデザインの改訂・改良する動きへとつながるだろう。

デザイナーによる評価

デザイナーは、ファシリテーターを兼ねる場合もあるが、ひとたびワークショップのプログラムを「完成」させると、その後はワークショップの現場から距離を置くことになる。そのため、以下で述べるとおり、デザイナーによる評価は、相対的に見えづらいものだと言えるだろう。

⑦デザイナーによる参加者（参加体験）の評価

ワークショップのデザイナーは、プログラムを完成させる過程で、何度かの試行実験を行う。その際には、自身がデザインに取り組んでいるワークショップの文脈で、参加者がどのように反応し、ふるまうかを直接観察することができる。もちろん、それは参加者からの（デザインに対する）評価を受け取っている状況でもあるが、同時に、デザイナー自身が創造したワークショップという学習環境において、参加者を評価する機会になる。「考えながらつくる・つくりながら考える」というデザインのプロセスをふまえると、開発段階において参加者をどのように理解するかが、その後のデザイン過程に影響する。

⑧デザイナーによるファシリテーション（ファシリテーター）の評価

ワークショップが（デザイナーの）ねらいどおりに正しく実施され、その上で不具合があった場合には、デザイナーはそれを真摯に受け止めなければならないが、ファシリテーターの運用に不備があった場合には、それはファシリテーターの責任として扱われる。デザイナーがワークショップの実践の現場に居合わせるのが難しい場合には、ファシリテーションの過程やファシリテーターを評価することは容易ではない。

⑨デザイナーによるデザイン（プログラム）の評価

私たちが、デザイナーによるデザイン（プログラム）の評価について知る機会は、著しく限定されていると言えるだろう。『ワークショップデザイン論』のように、デザイナーが、自身のデザイン過程をふり返るという状況が記述される場合もある。また、ワークショップのデザインそのものが主題となっている場合には、デザイナー自身による評価や、デザインにかかわるエピソードを聞くことができるかもしれない。

だが、デザイナーによるデザイン（プログラム）の評価を直接知ることは、構造的に難しい。多くの場合は、デザインの改変・改良をとおして、（間接的に）知ることになる。

第5章　思考と行動を一体化する

1　ワークショップを語る

ワークショップという「実験」

第1章で述べたとおり、ワークショップは、個別具体的な〈モノ・コト〉と、普遍抽象的な概念との橋渡しをする役割を担う。それは、私たちがさまざまな課題に向き合うための〈操作可能な〉「実験」の場として理解することができるだろう。意思決定に役立てるための「こたえ」を導き出すことを目指す場合もあれば、あたらしいアイデアを求めた発想支援の手がかりの場として構想されることもある。状況に応じてちがいはあるものの、ワークショップという「実験」は、向き合うべき状況を単純化・簡略化して設計される。その際、一回きりのユニークな〈モノ・コト〉の詳細は、ある程度の汎用性を持つように書き換えられる。同時に、その「実験」は、目に見えない抽象的な概念ではなく、実態をともなう体験として提供されることになる。その意味で、ワークショップは、一般性と具体性の「間」に位置づけられる。

私たちは、個別具体的な体験と普遍抽象的な知識や概念とをくり返し往復することによって、〈モノ・コト〉を理解しようと試みる。その際、重要なのは、ワークショップは、ある種のアナロジー（類推）の機能を果たすという点だ。ワークショップという「実験」は、個別具体的な体験と普遍抽象的な知識との「間」に位置づけられているので、私たちは、まず個別具体的な〈モノ・コト〉と、ワークショップとして提供される場との対応関係について理解することが望ましい。具体性を持ちながらも、ワークショップは単純化・簡略化された時間・空間を提供するものである。したがって、その単純化・簡略化の過程では、かならず〈モノ・コト〉の、ある（選択された）側面が際立つ。つまり、他の側面は見えづらくなったり、省略されたりするということだ。ワークショップのデザイナーが、問題意識に応じて〈モノ・コト〉を選択的に取り扱った結果が、ワークショップそのものに反映される。簡略化や省略が行われるからこそ、デザイナーが考える〈モノ・コト〉の本質が、より明確に表現されると言えるだろう。

いっぽう、私たちは、ワークショップでの体験をふり返り、日常的な思考や行動に役立つさまざまな概念と関係づけようとする。ワークショップでの身体的な体験を言語化しようと試みるのである。ことばにして扱えるようにすることで、個別具体的な体験を、他の場面で応用したり、関係づけたりすることができるようになるからである。私たちは、過去のワークショップの体験をふり返りながら「あのときのワークショップに似ている」「あのときは、こういう結果だった」というように、自らの経験のレパートリーを呼び出し、自らのやり方でワークショップの体系化を試みる。いささか曖昧ながらも、場数を増やしながら、ワークショップの分類や整理が行われる。

メタファーとは何か

先ほど、ワークショップは、ある種のアナロジー（類推）の機能を果たすと述べたが、そのことについて考えるために、「メタファー（隠喩）」について簡単に触れておこう。メタファーは修辞法で、A is as...as B, A is like B（Aは、Bのようだ）の形式ではなく、A is B（AはBである）の形式で比喩を表現するものである。しばしば、〈見立て〉として説明される。語りたい対象について、字句どおりに言い表す名称が欠けているような場合、私たちは、メタファーを用いて語ろうとする。それは、ことばを彩る装飾ではなく、必須の表現として考えるべきもので、その本質は、ある事柄を他の事柄を通して理解し、経験することだ。すでに親しみのある〈モノ・コト〉を使って説明を試みるため、メタファーは、例示的な表現の可能性を拡げてくれる。私たちが日常的に使っているメタファーについて考えてみよう。たとえばレイコフとジョンソンは、『レトリックと人生』（一九八六）のなかで、以下のようなメタファーを紹介している。

- 彼の考えはついに実を結んだ。
- 芽を出しかけたばかりの理論だ。
- その思想が開花するには何年もかかるだろう。
- 彼女は多産な想像力をもっている。
- これがあなたの頭の中に植えつけておきたい思想だ。
- 彼の頭脳は不毛だ。
- 彼の偉大な思想の種子は青年時代に蒔かれたものであった。

（邦訳：pp. 73–74）

これらの表現は、私たちにとって馴染みやすいものだと思われるが、いずれも「考えは植物である」という〈見立て〉によって成り立っている。「考え」そのものは無形でとらえどころがないが、ひとたび「植物である」というメタファーを採用すると、「考え」にかんするさまざまな状態を「植物」をめぐる事柄によって語ることができるようになる。いま挙げたように、私たちは「考え」が芽を出したり、実を結んだりすることについて語ることがある。私たちの日常的な会話のなかに、「考えは植物である」という〈見立て〉がごく自然にとけ込んでいることに、あらためて気づくだろう。このように、メタファーは、〈モノ・コト〉のある側面を際立たせながら、ひとつの世界観を提供するものだと言えるだろう。あるいは、以下のような「考え」にかんする表現もある。

- それは鋭い考えだ。
- 問題の核心に切り込んでいる。
- 切るような（辛らつな）発言だった。
- 彼は頭が切れる。
- 彼女の機知はカミソリのように鋭い。
- 彼女は彼の主張をズタズタに切り裂いた（完膚なきまでに論破した）。
- 彼は鋭い頭脳の持ち主だ。

（邦訳：p. 76）

この場合は、「考えは切る道具である」というメタファーによって、「考え」のさまざまな側面が表現されている。私たちの「考え」は、多様な媒体をとおして聞いたり見たりできるが、その性質についての身体的な理解にはメタファーが有用である。たとえばこのメタファーで日常生活を眺めると、コミュニケーションや社会関係も「道具的」に見えるようになるのかもしれない。私たちがやりとりする「考え」が、植物のように世話をしたり育てたりするのではなく、切ったり叩いたりする対象として表れるからだ。

言うまでもなく、私たちが日常的に〈モノ・コト〉の理解に役立てようとするメタファーは、唯一ではない。どのようなメタファーをえらぶかに応じて、〈モノ・コト〉のちがった側面が際立ち、結果として、ことなる世界観が立ち現れることになる。

「コミュニケーション」を語るメタファー

ワークショップは、目的や運用方法もふくめ、さまざまなやり方で実施されているが、多くの場合、コミュニケーションこそが主たる活動として位置づけられていると言えるだろう。全体の流れのなかに、現状を理解したり、アイデアを整理したり、参加者がお互いの「考え」を伝え合う場面が組み込まれている。その意味でも、ワークショップやファシリテーションの性質を考える際に、私たちのコミュニケーションについて、あらためて考えておくことが重要だ。私たちは、「コミュニケーション」について語るとき、どのようなメタファーを使っているのだろうか。また、そのメタファーによって、私たちの社会関係のあり方は、どのように性格づけられるのだろうか。

これまでの議論をふまえて、コミュニケーションをめぐるメタファーについて考えてみよう。ミッシェル・レディ(一九七九)は、私たちがコミュニケーション観について考えるさい、「導管(conduit)」メタファーが支配的に影響をおよぼしていることを示唆している。「導管」とは、水などを導くパイプ(管)のことだ。つまり、私たちのコミュニケーションは、パイプを介して他者とつながり、そのパイプのなかを「何か」が移動するイメージとともに理解されるのである。「導管」メタファーにもとづくコミュニケーションは、以下のような流れで説明することができる。

まず、送り手(話し手)は、「考え」を言葉(容器)に盛る。そして、(導管を通して)その「考え」を受け手(聞き手)に送る。受け手(聞き手)は「考え」を言葉(容器)から取り出す。ここでは、「考え」は言語化され、あたかも〈モノ〉であるかのように扱われること(扱うことができること）が前提となっている。それは、私たちのコミュニケーションの、合理的・効率的な「伝達」という側面を際立たせる。この「導管」メタファーは、私たちが議論するさいにとる行動や、その行動の理解のしかたに（少なくとも部分的に）構造を与えている。レイコフとジョンソンは、レディを参照しながらつぎのように述べて、「導管」メタファーによって、私たちのコミュニケーションのある部分が際立つことを示唆している。

「導管」メタファーに基づくコミュニケーション理論は、たとえば政府による監視やコンピューター化されたファイルなどに見境なく大規模に応用されるならば、単に不適切なメタファーであるというだけにとどまらず人に害を及ぼすものに変わってしまう。そこには、真の理解にとって是非とも必要なものがほとんど含まれていないからである。そして、ファイルの中のことばはそれ自体の中に意味が―人間から切り離された、客観的な、わかりやすい意味が、あると考えられることになる。社会が大規模に「導管」メタファーによって動かされるようなことになれば、誤解や迫害、あるいはもっと忌まわしいことが生じかねないであろう。

（邦訳：pp. 321-322）

このように、私たちのコミュニケーションを個別具体的な文脈から切り離して考えるようになると、お互いにやりとりする言葉は、たんに「導管」を通る（通りやすい）〈モノ〉のように扱われることになる。そして、その〈モノ〉の流れを円滑にするための、コミュニケーションの形式化への関心へと結びつく。

「闘い」か「ダンス」か

「導管」メタファーは、私たちの日常生活に根づいている。たとえば、プレゼンテーションという場面は、「導管」メタファーによる理解が深く浸透していることを示す好例だと言えるだろう。近年、学校や職場でプレゼンテーションと呼ばれる場面が増えた。これまでにも、教室や会議室で課題の成果や企画案などを発表する場面はめずらしくはなかったが、とくにこの十数年で、情報環境の変化とともに、プレゼンテーションの方法も変容した。その善し悪しはともかく、典型的なプレゼンテーションを性格づけているのは、プロジェクターでスライド資料を投影しながら行うというやり方だ。

典型的なプレゼンテーションにおいては、伝えるべき情報は、スライドの束として整理される。一枚一枚のスライドには、伝えるべき「要点」が箇条書きで並べられ、順番に説明されてゆく。このとき発表者は、教室や会議室にいる聞き手に対して、自分の発表内容を「伝達」することに集中している。情報の流れは、スライド資料の構成によって制御されていて、まさに「導管」メタファーにもとづくコミュニケーションが実現していると言えるだろう。伝えるべき「考え」は、スライド(という容器)に盛られていて、スクリーンに映される。聴衆は、箇条書きになった「考え」を一つひとつ受け取ろうとする。

情報デザインの分野で知られるエドワード・タフテは、『The Cognitive Style of PowerPoint』（二〇〇六）のなかで、「もしリンカーン大統領が、スライドを使って演説をしたら」という架空の状況を想定しながら、かの有名な「ゲティスバーグ演説」の内容をスライド資料で表現している。ひと筋の流れとして、全体として、披露されるべき「演説」は、現状の理解、問題提起、そして解決方法の提案、というように、何枚かのスライドに細片化されている。ヴィジュアルな表現ではあるものの、そのスライド資料からは、演説の息づかいを感じることはできない。スライドを順番に繰りながら語るというスタイルを採用することによって、ことばのえらび方、ことばとことばのつながりなどが、個別具体的な文脈から切り離されていることに気づくのだ。タフテの風刺的・批評的な試みは、まさに、私たちが「導管」メタファーにもとづくコミュニケーション観に支配されがちであることを忘れないように、警鐘を鳴らしているのだろう。もちろん、スライドを使う場合でも、つながりが丁寧に語られれば、わかりやすいプレゼンテーションになる。要は、独立した一枚一枚のスライドではなく、「つなぎ」の工夫なのだ。

いま述べたように、「導管」メタファーによって際立つのは、コミュニケーションの「伝達」や「説得」といった側面である。さらに、ディベートと呼ばれる討論の形式を考えてみると、わかりやすいだろう。すでに「討論」という言葉に表れているように、ディベートは「闘い」として形式化されている。実際には、さまざまな形式はあるものの、コミュニケーションの「伝達」という側面を際立たせる。ディベートにおいては、討論者に役割があたえられ、あえて賛否や是非を問う形式をつくることによって、論点が明快になるような場づくりが行われる。つまり、ディベートの現場は、「闘い」というメタファーによって構成されていると考えることができる。「闘い」としてコミュニケーションを理解すると、相手を論破したり説得したりするための戦略や技術に関心がおよぶ。当然、質疑応答という攻撃から、自分を守る準備も必要になる。このコミュニケーション観は、「考えは道具である」という見方や、「導管」を介して効率的に確実に情報やメッセージを届けるといったイメージと親和性が高いものである。

いっぽう、当然のことながら、コミュニケーションについて考えるためのメタファーは、他にもある。たとえば、コミュニケーションを「ダンス」に見立てて理解することはできるだろうか。コミュニケーションを「闘い」ではなく「ダンス」として考えると、たとえば「リズム感」が際立つはずだ。「間合い」の大切さもある。その体験は、「ノリ」や「キレ」ということばで語られるかもしれない。また、社交ダンスを想い浮かべると、「ダンス」には「パートナー」の存在が欠かせないことにも気づく。そもそもコミュニケーションは、執拗にパートナーを求めるものではなかったのか。というより、まさにパートナーを求めるということ自体が、コミュニケーションだと言えるのではないだろうか。また、ダンスをしているという状況を思い浮かべると、「オーディエンス（観衆）」の存在も暗示される。それは、私たちのコミュニケーション観をさらに広げ、「演じる」ということ、〈見る—見られる〉という「まなざし」のことにも考えがおよぶ。「ダンス」というメタファーにもとづくコミュニケーション観においては、優勢劣勢、勝ち負けという感覚もない。むしろ、協力することやバランスを保つことこそが、コミュニケーションを性格づける大切な側面として際立つことになる。

メタファーとしての「ワークショップ」

これまで述べてきたように、私たちは日常的なコミュニケーションのなかで、さまざまなメタファーを用いている。私たちにとって馴染みの薄い概念を紹介する際には、適切なメタファーによって理解を促進しようと試みる。本書で概観してきたとおり、「ワークショップ」は、いまでは比較的馴染みのあることばになり、さまざまな文脈で使われている。皮肉なことに、ことばが認知され、日常的に流通するようになればなるほど、私たちはその本来の意味を問うことから遠ざかってしまう。場合によっては「今さら（恥ずかしくて）聞けない」というように、不要なプレッシャーさえ感じてしまい、ことばに込められた想いや使われてきた文脈についての理解が疎かになる。

そもそも「ワークショップ」ということばには、どのような想いが込められていたのだろうか。この点については、西村佳哲が『かかわり方のまなび方』（二〇一一）のなかで、高田研の研究を参照しながら説明している。重要なのは、「ワークショップ」は、もともと「工房」を意味するのであって、それは「ファクトリー」、つまり「工場」に対抗する意味合いだったという指摘だ。第１章で、「レディーメイド」か「オーダーメイド」かという観点について述べたが、ワークショップにおけるコミュニケーションや社会関係は、もともとの意味に忠実に考えると、個別具体的な状況に向き合いながら培われる「オーダーメイド」という方法や姿勢によって性格づけられるものだと言えるだろう。その関係性を前提にすると、一つひとつの活動の一般化や再現性はさほど重要ではない。「工房」は、信頼に足る専門家と出会う場所であり、まさに自分だけの〈モノ・コト〉に向き合う場所だからである。

「工房」の性質を考えるために、たとえば、スーツを仕立てるさいのふるまいを思い浮かべてみよう。一着のスーツを仕立てるとき、生地やスタイルをえらんだら、採寸がはじまる。自分のための（自分だけのための）、心地よく身体にフィットする一着がつくられるのだ。やがて仮縫いという手続きなどを経ながら、スーツは完成に向かう。「レディーメイド」であれば、吊してあるものを買えば、もうそれで客と店とのかかわりはひとまず終わってしまう。「オーダーメイド」の場合、もちろん縫製などは仕立屋に任せるしかないが、一着のスーツが完成する日まで、客は仕立屋とともにお互いの時間を出し合うのである。そして、完成したあとも、そのスーツを介して仕立屋との関係は続いてゆく。綻びができれば、ふたたび店を訪ねて、繕ってもらう。スーツは、時間とともに自分の身体に馴染む、大切な一着に育つのである。「オーダーメイド」は、どうしても高価だという印象があるが、仕立屋との長いかかわりの分もふくまれていると考えれば、適切だと思えてくる。

「オーダーメイド」には、たんにモノを手に入れるだけではなく、「工房」という場所を介して、人との関係を育ててゆくという過程も（前提として）ふくまれている。ともすれば「使い捨て」を後押しする「レディーメイド」にはない、重要な側面だと言えるだろう。ここで考えておくべきなのは、「工房」であるはずのワークショップが、「工場」としての性質を帯びてきているのではないかという点である。ワークショップということばが普及し、多用されるようになり、数多くの実践が行われているなかで、「オーダーメイド」という性質が損なわれているのではないだろうか。それは、私たちが、ワークショップの多様性に対する寛容さを失いはじめていることを意味するのだろうか。さまざまなワークショップの「工場化」がすすんでいるとするならば、「ワークショップ」は、極端に言えば表面的な「バズワード」にすぎないということになる。本来のあるべき姿をとらえなおし、必要に応じてあたらしい理解や解釈を加えていくことが、求められているはずだ。

2　多様なかかわりを知る

自らの経験をふり返る

第4章で述べたとおり、ワークショップは、多面的に評価することができる。たとえば、ワークショップへのかかわり方に着目すると、参加者、ファシリテーター、デザイナーという三つのことなる立場を想定しながら評価のあり方を整理することができるだろう（図4－3）。言うまでもなく、自らがどのような立場でワークショップに向き合うかによって、ことなる側面に光が当たることになる。私自身の経験では、参加者によるふり返りは、ワークショップそのものに組み込まれていることが多い。そのこと自体は、多くのワークショップが形式化され、さまざまな経路を経て受容・普及がすすんでいることの表れにすぎず、当然のことながら、ふり返りの時間が組み込まれていないワークショップもある。

典型的なワークショップのプログラムにおいては、一連の活動の「ラップアップ（締めくくり）」の段階で時間を設けて、参加者の感想や意見を募る。事前に行う「ブリーフィング」に対して、事後のふり返りは「ディブリーフィング」と呼ばれていることもある。参加者によるワークショップの評価は、活動の内容そのものをふり返り、体験を言語化したり概念化したりする目的で設計されている場合もあるし、もっと単純に参加した感想を問うもの、あるいはファシリテーション（ファシリテーター）の評価を行うものもある。いずれにせよ、ワークショップにおける体験がどのようなものであったのかについて、参加者からの情報収集を行い、その後のワークショップの企画・運営や、デザインの改変・修正などに活用するためのものだ。

いっぽう、ファシリテーターやデザイナー自身が、ワークショップについてふり返ることはあまりない。厳密に言えば、ふり返りが行われていないのではなく、その内容が公開されないということだ。せいぜい、ファシリテーターとしての講評が、ワークショップの終わりのタイミングで述べられる程度ではないだろうか。それには、いくつかの理由が考えられる。ワークショップという方法に対する関心が高まり、対価をともなう形でワークショップが実施されるようになると、失敗が許されない雰囲気が醸成される。たとえ、失敗こそが新しい発見や学びの源泉だという理屈はあっても、ファシリテーターはよどみなく進行するように求められる。参加者の質問には、できるかぎりすみやかに応える必要も感じる。いろいろな意味で、ファシリテーターへの要求水準が高まっているのかもしれない。こうした状況で、たとえばワークショップのデザインや運営そのものに不備があった場合、どのように対応すればよいのだろうか。もちろん、参加者からの意見は「今後のために」収集しておきたいが、ファシリテーター自身のふるまいについては、なるべく平静を装いながら、あまり語らないのが得策だ。あるいは、本来のねらいどおりに進行しなかった理由は、実施した環境や条件に起因するものとして説明する。「きょうは初心者が多かった」「会場となった部屋が使いづらかった」などと、ファシリテーター本人のふるまいをワークショップの過程から切り離し、もっぱら外部環境を理由に語ることもできるだろう。

以下では、これまでに紹介した事例をふまえながら、ファシリテーターあるいはデザイナーという立場から、ワークショップの評価について考えてみたい。もちろん、ワークショップはじつに多様な場面で実施されており、ファシリテーション（ファシリテーター）の方法もさまざまだ。ここでは、まずは私自身が考案し、実際に運営したワークショップを、批判的にふり返ってみたいと思う。個別具体的なエピソードを、できるだけ「告白的」に語ってみるつもりである。それは、私自身の内省や感情移入をともなう形で、私自身がかかわっているワークショップを評価する試みである。

予想外の出来事

数年前、知人に招かれて、私がすすめている「キャンプ」の試みについて話題提供をする機会があった。たんなる講義ではなく、話の後で、長めの意見交換の時間が設けられている、ワークショップ形式の集まりだった。題目や私のプロフィールなどは、事前にホームページで公開され、参加者は事前に登録する仕組みになっていた。当日、会場の設営や運営にかかわっていたのは、おおかた、ワークショップに関心をもっている大学生や大学院生で、私が会場に到着したときには、全員が準備万端という面持ちだった。会場は、可動式の机やイスなどを備え、目的や内容に応じて自由に編成できるような、まさにワークショップ向けの部屋で、休憩時間には、軽食や飲み物まで用意されていた。参加者の募集から、会場づくりにいたるまで、一連の準備や手続きを経て、精巧にデザインされたワークショップのように見えた。企画や運営に携わった学生たちにとっては、いわばＯＪＴのような、ワークショップデザインの実地訓練としての意味もあったのかもしれない。

話が終わって休憩時間があり、質疑応答や意見交換の時間になった。私の座っていた位置から部屋を見渡すと、先ほどより、明らかに人数が増えている。それも、（事前登録を済ませていた人が）何らかの事情で開始時間に間に合わなかったということではなかった。口コミなのか通りすがりなのかわからないが、いずれにせよ、事前に登録をすることなく、参加している人がいたということだ。そのことに気づいたのは、目に見えてわかるほど頭数が増えていたからなのだが、加えて、私は事前登録していた参加者のリストを見る機会があったからだ。細かい事情はともかく、飛び入りの参加が認められていたということである。私は、その状況にいささか居心地の悪さを感じながらも最後までゲスト講師としての役目をまっとうした。

そして、集まりがお開きになってから、私を招いてくれた知人にあれこれと苦言を呈した。傍目には、私が、自分よりも歳の若い同業者に説教をしているように見えたにちがいない。あらためて、あのときの状況や自分自身の感情の流れについてふり返ってみた。自分は、なぜあのようにふるまったのだろうか。

わざわざ事前に参加者の登録が必要だったワークショップにもかかわらず、なぜ飛び入りの参加が許されていたのか。たぶん、そのことが気になったのだ。これは、おそらくは「正論」である。事前登録という手続きを設けるのには、さまざまな理由が考えられる。会場の広さや設備などの都合で、ある一定数しか収容できない場合、人数制限をするのは当然のことだ。飲み物や軽食を準備する都合にも関係する。あるいは、集まりの主旨や内容に何らかの悪意をもっている（かもしれない）参加者は、事前に出入りを制限する場合も考えられる。通常、事前登録には、名前のほかに所属や連絡先などの照会先も、併せて記入するよう求めることが多いが、いずれも、当日のワークショップを安心して快適に過ごすための情報収集である。

いまふり返ると、私がいささか感情的にさえなって、ワークショップの運営について小言を言ったのは、おそらく「聞いていた話とちがう」ということへの反発だった。きっと、私は、（ごく自然なこととして）事前に登録していた参加者リストを見ながら、質疑応答や意見交換の時間がどのように流れるか、おぼろげながらも当日のリハーサルを行っていたのだろう。たとえば学生が多いのであれば、自分が「教員」であることを前面に出しつつ、ふだんの教室でのやりとりを念頭にふるまえばよい。社会人が多ければ、社会人が喜びそうな話題を「仕込む」こともできる。同業者であれば、いろいろな意味で繊細になって、言うべきことと言わずにおくことを注意ぶかく峻別していたにちがいない。事前登録の情報は、会場の運営の便宜だけではなく、話者である私自身にとって、「心の準備」のために重要なものだったのだ。だからこそ、私は「想定外」の出来事に戸惑っていたのではないだろうか。会場でのコミュニケーションが、あらかじめ想い描いていたシナリオとはちがった径路をたどるかもしれないということに困惑し、恐れにも似た感情を抱いていたのではないだろうか。

メタ・ワークショップ

あのとき、自分にとって「想定外」の出来事を目の前にして、困惑して（ある種の恐れに近い感情を抱いて）いたとするならば、今更ながら、なんとも情けない話だ。仮にも、場づくりやコミュニケーションについて関心をいだき、それをテーマに調査・研究をすすめてきたのであるから、（程度の差こそあれ）現場での「想定外」の出来事については臨機応変に対応できて然るべきだった。飛び入りの参加者がいたことに懸念を抱き、その居心地の悪さを、ワークショップの段取りのせいにして紛らわそうとしていたのだろうか。ましてや、主催者とゲスト講師との関係性は、もともと非対称的で、ゲストとして招かれていた私は、構造的に「強い」立場にいたのだ。そのことも、私が傲慢さを表出させたことと無関係ではないだろう。つくづく、自分のふるまいは、恥ずべきものだったと反省している。

いまこうしてふり返っているのは、あのときのワークショップが、すっきりしないまま終わり、その後もなんとなく頭を離れなかったからだ。もう過ぎてしまったことではあるが、同じ状況のもとであっても、ちがう展開は可能だったはずだ。たとえば、「ワークショップの段取りに、ある種の『綻び』があると、参加者の取り組む姿勢に影響をあたえうる」という問題を投げかけ、まさに自分たちの直接体験としてワークショップ（ワークショップデザイン）そのものについて語り合うこともできた。つまり、「メタ・ワークショップ」（ワークショップについてのワークショップ）である。

私自身が、「想定外」の状況に直面して困惑したことや、そのときの感情の流れについて、ワークショップという現場で起きた出来事を鮮明に語ることが可能だった。多少なりとも「教員らしさ」を発揮すれば、よい議論ができたかもしれない。つまり、ワークショップで扱われた内容のみならず、まさに〈その時・その場〉に表れる、参加者どうしの関係性に着目することもできたのだ。それは、ワークショップの質疑や意見交換の題材として正統なものであるはずだ。もしあの日のワークショップが、そのような径路を辿っていれば、主催者を不快にし、さらに自分までもが釈然としないまま過ごすこともなかっただろう。私自身、ドナルド・ショーンの言う「即興的実験（on-the-spot experiment）」という考え方を援用しながら、ファシリテーションや場づくりのあり方について考えてきたのであるから、自分で臨機応変に何らかの行動に結びつけていれば、はるかに生産的な時間が流れたはずだ。ファシリテーターのみならず、同様の問題意識をいだき、（その場の臨機応変な）内容の変更を望む参加者がいたかもしれない。もし（その場で）その想いを察することができたなら、ワークショップの進行は別の道筋をすすんでいただろう。

もちろん、当初予定されていたプログラムを現場で変更しながら進行するということは、現実的には難しい場合が多い。いま紹介した例では、私はゲスト講師という立場であって、全体の進行は主催者が担っていた。もし仮に、私が主催者という立場だったとしても、ゲスト講師や参加者のようすを見ながら、その場で議題を変更することには躊躇したかもしれない。とりわけ、事前にプログラムの内容が公開されているような場合には、そうした方向修正・方向転換は難しい。参加費を徴収していたなら、なおさらのことだ。というのも、その場合、参加者は告知されていた内容に期待して費用を負担しているので、もしその場で急遽内容を変更するようなことになると、「契約違反」になる。よりよい道筋、より面白いであろう内容が現場で見つかったとしても、事前の計画どおりに進行せざるをえないだろう。

このように、ファシリテーターは、現場である種の葛藤を味わう状況に直面することがある。こうした場合に、自分自身がどのような評価を受けるかについて考えがおよぶはずだ。たとえば、時間管理などもふくめて事前の計画どおりに進行すること自体が、ファシリテーターとしての力量を示していると考えることができる。つまり、もともとのデザインに忠実にふるまうということだ。いっぽう、現場で何らかの問題を発見し、即興的な判断によって現場を変えることこそがファシリテーターとしての資質だという議論もある。この場合には、当初の計画から逸脱した形での運営を行うことになる。それに対する批判を恐れると、保身に走る。

ファシリテーターにとっては、当然、自分のふるまいに対する評価が気になるので、どのようにふるまうべきか迷うことになる。正義感をもって（つまり現場の変化や参加者のあいだで共有されている「空気」を的確に読み取って）ふるまうのか、それとも、あとで自らの責任を問われないように、さまざまな形で「予防線」を張り、できるかぎり波風を立てずにワークショップを終了させようとするのか。ワークショップは、つねに何らかの社会的な文脈に埋め込まれており、そのなかでファシリテーターは自らの状況を定義しながら現場にかかわっている。

いまさらここで反省しても、もはや現場に戻ることはできないが、このエピソードは教訓に満ちている。事前登録せずに座っていた参加者がいたことに当惑し、腹立たしい気持ちになっていたことは、じつは、自分自身で日頃から口にしていることと矛盾していたのだ。いま思うと、個性の尊重や多様性、柔軟性の必要性を謳いながら、じつは自らが批判されるべき対象になっていたのである。

自己主張の現場

第4章で紹介した「自画持参」というワークショップについても、同様のことが言える。数年間にわたって実施し、「常連」の参加者によって場が構成されるようになり、もっぱら、小道具であるカプセルばかりに注目が集まるようになった。ルールがいつの間にか改変され、本来目指していた主旨どおりに実施されなくなったことに対して、いささか不満を感じるようになってきた。だが、「自画持参」は、まさに「つくり込まれすぎる」ことによるつまらなさ、「予定調和」への反発心からはじめた活動だった。当然のことながら、別の語り口で評価をすることは可能である。そもそも、飛び入りなどもふくめ、多様な参加の仕方を前提にワークショップを開催しているのであるから、参加者が、何に反応し、何を「持ち帰る」かは自由なはずだ。少なくとも、それに対して寛容であることが、デザイナーでありファシリテーターである私自身に求められているはずだ。セミナーや講義といった形式ではなく、ワークショップという方法をえらんでいるのならばなおさらのことだ。

おそらく、私自身が感情を揺さぶられるような気持ちになったのは、自分が「自画持参」と命名したにもかかわらず、知らず知らずのあいだに「がちゃトーク」という別の名前が流通しているからなのではないだろうか。そもそも、学術研究の一環としてはじまっているのだから、出典を参照するなどの基本的な礼節さえ守られていれば、とくに言うことはないはずだ。にもかかわらず、ストレスや苛立ちを憶えているということは、きっと、デザイナーあるいはファシリテーターとしての了見の狭さが露呈しているだけのことなのだ。

ワークショップをデザインし、それを世に問いながら広めてゆくことは、ひとつの学習環境を提供すると同時に、それをデザインした自分自身について主張していくことである。ファシリテーターについても、おそらく同様のことが言えるはずだ。自分なりのファシリテーションのスタイルが身についてくると、ワークショップでの活動ばかりでなく、自分のファシリテーターとしてのアイデンティティを意識するようになる。そのアイデンティティを守るための語り口が依拠するのは、「闘い」というメタファーなのか、それとも「ダンス」というメタファーなのか。まさに、デザイナーやファシリテーターのコミュニケーション観が問われるのだ。

記述の方法

「まち観帖」のデザインやワークショップの実践をふり返ることで、あらためて気づくことも多い。とりわけ、具体的な〈モノ・コト〉を、少し抽象度を高めて語るという手続きは、身体的な理解に負うところが多いために、説明を省略しがちになるのかもしれない。ワークショップをデザインする過程で、試行錯誤しながら決められた事柄を、丁寧に説明することも重要だ。「まち観帖」を用いた学習において、適切な「具体性」を記述できるようになるには、ある程度のトレーニングが必要だと思われる。私たちが「まち観の型ことば」をつくった際にも、何度となく議論し、ことばえらびにはかなりの時間を費やした。これは、「まち観の型ことば」の本質を理解するためにも重要な過程であり、できるかぎり時間をかけてすすめるのが望ましいだろう。記述の「具体性」について考え、アイデアを交換しながらことばを厳選していく過程こそが「学び」の機会として重要なのである。

私たちは、「まち観の型ことば」の記述で「まちに存在するものや物理的空間的状況」(カード上では枠線に囲まれて左側に配置される)と「それを観て/体感して、何を感じ、何を想い、どう(そこで)行動するか」(カード上では枠線に囲まれて右側に配置される)とをつなぐ、「×(かける)」という記号で表現した。「まち観の型ことば」を「状況の理解」と「行動指針」によって記述する際には、他にも「+」や「↓」で両者をつないで表現することも可能であるが、「×」が選択されているのは、筆者らの「学習観」を反映しているからに他ならない。

「型ことば」は、まちを歩いていて、目の前の状況がある条件を満たしているときに、特定の行動へといざなうものである。その意味では、「加算」的な思考を要求しており、「+」で表記することも考えられた。だが、そもそも物理的空間的状況と行動のための指針は、単純に足し合わせることができない、別の「カテゴリー」に属する概念である。

いっぽう、図解などで「↓」は「順序（方向性）」や「因果関係」を想起させるが、「まち観の型ことば」そのものは、まち歩きのなかで遭遇するさまざまな状況において、何らかの「因果関係」を想定して記述されるものではない。もちろん、五感を動員してまちを歩き、発想の「手がかり／きっかけ」としての状況を発見することに価値を見出しているという意味では、「状況の理解」が発端となって行動が喚起される場合もある。しかしながら、「まち観帖」による「学び」は、たんなる一方向的な行動指針を理解したり暗記したりすることではない。

また、「状況の理解」と「行動指針」が相互構成的であることも忘れてはならないだろう。具体的なまち歩きの実践では、ある状況への遭遇が行動を誘発するばかりでなく、カードの右側のボックスに記載されているような行動そのものが（何らかのきっかけで意識されたとき）、左側の状況の理解の一助となる場合もありうるからである。つまり、枠線で囲まれたふたつのボックス内の記述は、（たとえば左から右へと）つねに決められた順番で認識される性質のものではない。その意味では、双方向性を示す「↑↓（両矢印）」による表記も可能かもしれない。

何よりも、私たちが際立たせたかったのは、「×」によって思考と行動とが結ばれるとき、「可能性の範囲」が明らかになるという点である。目の前の物理的空間的な状況において「見えるモノ」があるからこそ、「見えないモノ」へと想像がおよぶ。同様に、ある特定の行動への誘いも、「勧められるコト」をつうじて「勧められないコト」（あるいは、行動が喚起される以前の状態）が際立つことになる。つまり「型ことば」は、変数が持つ変動域が掛け合わせられることによってつくられる「可能性の範囲」において、現状の理解を促進し、それに対する行動指針を（暫定的に）指定するものだと言えるだろう。

ワークショップのふり返りのなかで私たちが再確認したのは、「まち観帖」は、まちを感じる実践知を「組織化する方法」だという点である。「まち観帖」は、目の前に表れた状況を、あらかじめ用意された〈型〉のいずれかに「当てはめて」理解するためのマニュアルではないのだ。ひとつの「可能性の範囲」があたえられたとき、現状を成り立たせている諸条件と自らの行動についての意識を高めることが、「学び」の源泉だという考えにもとづいて設計されている。

「半成品」としてのワークショップ

もうひとつ重要なのは、「まち観帖」は、閉じられた（綴じられた）知識ではなく、開放的に広がり続ける媒体としてデザインされているという点である。「まち観の型ことば」は、その名称どおり、まちを感じるための〈型〉が記述されており、学習者がフィールドワークをとおしてその〈型〉を体得することが期待されている。その意味で、私たちが整理した一連の〈型〉は、学習のきっかけを提供するとともに、ひとつの「お手本」としての役割を担っていることは間違いない。だが、これらの〈型〉は、そのまま記憶したり、現場に照らして適用したりすることによって活かされる知識ではない。

たとえば、現在ある四九枚のカードは、私たちのまち歩きの体験にもとづいてデザインされているため、もっぱらかつての水路（河川）の跡を手がかりにしながら、まち歩きへと誘う内容で構成されている。プロジェクトをスタートさせた当初は、「認知地図（メンタルマップ）」研究のように、まちの境界を見出したいという意図をもっていた。しかし武蔵小山界隈でのまち歩きがひとつの転機となって、それ以降は、かつての品川用水を辿るまち歩きの経路が計画されることになった。品川用水は、かつては近隣住民の生活用水を担う源だったが、いまは完全に埋められて下水道として機能し、ほとんどの場所で道路になっている。用水の存在が、そこに住む人びとの日常的コミュニケーションのあり方や「コミュニティ感」を私たちに想起させた。

その後、水路が走るまちのコミュニティはどう延び、どう広がっていたのだろうかという問題意識が生まれ、土地の起伏、坂道の勾配、道の幅、交差点の形状、造成区画の区割りなど、さまざまなまちの状況とコミュニティ感を関係づけながら、本プロジェクトが整理されていった。このように、まちへの「リアルな」問題意識やかかわり方への想いは、教室や会議室ではなく、まちで生まれ、育まれる。個別具体的で身体的な体験なしに「型ことば」を使うことはできない。逆に、学生たちを対象に実施したワークショップの試みのように、適切な「しかけ」をデザインすれば、私たちは、新しい〈ことば〉を獲得し、まちや人びとの暮らしについていきいきと語りはじめることができるはずだ。

私たちが提案している四九の「まち観ことば」は、人びとによって、現場で使われることによって、逐次書き換えられ、更新されていく。カードの束は、閉じられた知ではなく、「まち観帖」を手にして歩いた人びとが、ゆるやかに進化させていくものとしてデザインされている。その意味で、「まち観帖」は完成品ではなく、多様な意見を採り入れながら、変わり続けることを前提とした「半成品」だと言えるだろう。

冊子として綴じることなく、カードという媒体がえらばれたのは、分類や配列への意識を高めるためでもあった。あらかじめ決められた順番で読むものではなく、自在に組み替え可能な「ことば」の束としてデザインされている。また、フィールドに携行しやすいサイズ、必要に応じて内容を書き加えたりできるようなレイアウトは、こうした「半成品」としての特質を際立たせるための工夫である。

「まち観の型ことば」として、一枚一枚のカードは独立しているが、一人ひとりがカードとともに歩いた体験は、「まち観がたり」という一筋の「ものがたり」となって綴られる。どのカードをえらび、どのように組み合わせるかは、まさにフィールドでの体験を経ながら、身体感覚として培われていくはずである。フィールドワークに求められるさまざまなセンスは、非日常的な資質をもった「達人」だけのものではなく、ある部分はトレーニングによって獲得できる知であってほしい。「まち観帖」は、その一助となる道具とふるまいの提案である。「型ことば」の体得は、まちへの親近感や愛着について考える際にも役立つはずだ。私たちが綴る「まち観がたり」には、無形の文化的・精神的な価値を語る「ことば」も必要である。

3　ワークショップをとらえなおす

私たちはいつ「学ぶ」のか

これまでの議論をふまえて、あらためて考えておきたいのは、ワークショップの現場で、何が起きているかという点だ。私たちは、学習環境を構成するための「方法」としてワークショップを位置づけ、さまざまな形でワークショップの現場をデザインする。たとえば、学校という文脈では、ワークショップをとおして従来からの〈教員—学生〉という関係を変革しようと期待する。私たちは、ワークショップの現場において、「学び」や「気づき」を、いつ、どのように実感しているのだろうか。

というのも、私たちがまさにワークショップの現場にいるとき、私たちは目の前で展開するさまざまな活動に集中するしかないからだ。ワークショップにおける活動に深く没入すればするほど、自分の状態については無自覚にならざるをえない。現場では、まさに刻々と変化する状況に、逐次対応するだけでせいいっぱいなのであって、何を学んでいるのか、何が問題なのかについて考える余裕はない。つまりそれは、参加者のみならず、ファシリテーターについても言えることだ。もちろん、経験が豊富なファシリテーターであれば、現場にいながらも、ショーンの言う「反省的実践家（Reflective practitioner）」のように、さまざまな場面で即時即興的な判断ができるかもしれない。

重要なのは、私たちが学ぶのは、ワークショップを事後的にふり返るときだという点である。つまり、自分たちが投げ込まれていた状況を、何らかの形で復元・再生し、追体験を試みることによって、はじめてワークショップの意義や意味を考える機会が生まれるのだ。私たちは、ワークショップが行われている現場ではなく、その後のふり返りをとおして、ワークショップにかんする知識や、人間関係のあり方などについて理解を深めている。では、ワークショップの最中ではなく、ワークショップの後で、その意味や性質を理解するためには、どうすればよいのだろうか。

単純なことながら、なにより心がけたいのは、ワークショップの過程を、事後的に「再現」するための工夫である。もちろん、すべてを記録することも、完全に現場を「再現」することも技術的には難しいだろう。だが、たとえ断片的で不完全であっても、後から自分たちの記憶を引き出すために、その一回かぎりの現場を記録しておくことは、ワークショップの理解に役立つ。たとえば、ビデオカメラでワークショップのようすを記録しておけば、ふり返りの素材になる。音声があるだけでも、現場を思い出すきっかけになるだろう。

拙著『会議のマネジメント』（二〇一六）では、あるファシリテーターのふるまいを対象に行った調査を紹介している。その調査では、ワークショップのファシリテーション過程をビデオで記録し、ファシリテーターが部屋をどのように動き回るのか、どのような発話でコミュニケーションを促そうとするのかなど、詳細に記述、分析することで、ワークショップの現場の理解を試みた。私たちは、ファシリテーションという言葉から、能動的に現場にかかわりながら「場」を動かす所作を思い浮かべがちだが、じつは、コミュニケーションの流れをつくり出すために、ファシリテーターはむしろ「積極的に何もしない」という行動を選択している場面があることに気づいた。これは、不完全ながらもビデオによる記録があり、くり返し視聴することを手がかりに得られた知見である。こうした理解は、ワークショップの後で、ワークショップに費やしたよりもはるかに長い時間と手間をかけることによって、紡がれたものである。本章で紹介してきたように、参加者によるふり返りばかりではなく、ワークショップのデザイナーやファシリテーターこそが、現場を丁寧にふり返ることが重要なのだ。

記録を続ける

いま、何らかの記録を手がかりにした、丁寧なふり返りが重要だと述べたが、記録を続けることによって生まれる価値もある。たとえば「フィールドワーク」として知られている定性的な社会調査法では、「フィールドノート」の重要性がしばしば強調される。実地での観察をとおして気づいたこと、自分の感情の流れなどを書き留めておくことによって、現場でのふるまいを、後からある程度は「再生」できるからである。同時に、言語化をとおして、自分を冷静に保つことができる点も、経験的に知られている。日誌を書くことは、いわば自己制御のための手続きのようなもので、感情的にならずに現場での体験を整理し、秩序立てて理解するのに役立つ。

ワークショップのふり返りにも、日誌（ジャーナル）による記録が有用なはずだ。すでに述べたとおり、ファシリテーターも参加者も、ワークショップの現場では、立ち止まって考える余裕がない。できるだけ記憶が新鮮なうちに、(ビデオや音声による記録とともに)ワークショップでの体験を言語化しておくとよい。ワークショップの記録は、上手に習慣化し継続するように心がけると、少しずつ蓄積され、やがて重要な「資産」になる。蓄積しておくと、それはいわば経験のレパートリーとして、後から参照できる「データベース」になるからだ。ワークショップの実践のなかには、共通性を持ってくり返し表れる出来事がある。私たちが向き合う現場は一回かぎりでユニークなものであるが、類似の状況に出会うことは少なくないのだ。実際に、あらたな「実験」を行う際の指針となるような知見は、過去の経験のなかから想起されることがしばしばある。ワークショップでの経験を比較し、共通性をとらえることによって、一つひとつの個別具体的な理解を、より抽象度の高い概念と結びつけることができるはずだ。

たとえば、私が学生たちとともに実施している「キャンプ」という活動においても、毎回の実施記録の蓄積が、活動のありように影響をあたえていることは間違いない。私たちは、「キャンプ」の実践をくり返すことによって、準備から実施、ふり返り、成果のまとめにいたるまでの一連のプロセスの理解を深めてきた。毎年、学生たちは卒業してゆくので、「キャンプ」の参加者である学生たちの顔ぶれは、新陳代謝をくり返すのだが、毎回の成果物は少しずつ蓄積され、参照できるようになっていった。そのおかげで、学生たちは過去の(先輩たちによる)成果物を参照しながら作業を行うようになった。「キャンプ」の実施に際しては、逗留先の状況に合わせて細かな調整が行われるが、取材や成果のまとめ方など標準的な流れは常に同じである。ダイジェストのビデオを参照すれば、不完全ながらも、毎回の現場のようすを思い出すことができる。「キャンプ」の成果物も、未整理であっても、後から閲覧できるようにとにかくウェブ上に残すように心がけている。くわえて、学生たちのふり返りも参照できる。このように、過去の実践に関するデータを蓄積しておくことによって、メンバーが頻繁に入れ替わり、フィールド自体が変わっても、「キャンプ」という活動自体は継続することができる。一連の記録のおかげで、ふり返りの時間を有意義に過ごせるようになった。

あたらしいメタファーを求めて

ワークショップをとらえなおすにあたって、もうひとつ忘れてはならないのは、あたらしいメタファーを模索するということだ。ワークショップが、「オーダーメイド」を志向する「工房」を目指すものだと考えるならば、「工場」であるかのような理解にもとづく実践に対しては、反省的、批判的に向き合う必要があるだろう。どのようなイメージを抱くかによって、ワークショップで取り扱う内容のみならず、人と人との関係づくりもことなるやり方で構成されると考えられるからだ。ワークショップの実践は、コミュニケーションや人間関係のありようが、どのように見立てられているかに応じて方向づけられている。同時に、私たちの現実の日常生活のなかで「工房」や「工場」のあり方そのものが変容しつつある点にも注目しておいたほうがいいだろう。それは、ワークショップについて語るためのメタファーによって喚起されるイメージそのものを、あらためて問い直すことだと言えるかもしれない。

「工房」も「工場」も、ものづくりの環境に見立てるためのメタファーであるから、その環境の変化をふまえて考えてみよう。近年、あたらしい技術や道具の流通によって、「工房」は「工場」に近づく動きを見せている。個別的に注文に対応しても、素材の進化や工法の高度化によって、生産性は向上している。つまり、「オーダーメイド」でありながら、「工場」のように作業をすすめる環境が整備されるようになった。「工房」に閉じられていた職人技は、さまざまな形で公開され継承される動きもある。いっぽう「工場」は、情報環境の変化等に後押しされて、「工房」のような性格を持ち始めている。豊富な「半成品」の流通を前提に、応用・転用や組み合わせの可能性を探れば、きめ細かいものづくりも可能になる。つまり、ワークショップは「工場化」し、ファクトリーは「工房化」しつつあるのだ。

こうしたものづくりの潮流との類推で発想してみると、いま私たちがワークショップと呼んでいるのは、「工房」と「工場」の両者の性格を併せ持った場所なのかもしれない。たびたび述べてきたように、ワークショップは、個別具体的な〈モノ・コト〉と、普遍抽象的な世界を橋渡しする「実験室」として理解することができる。その発想をそのまま援用して、「ラボ（ラボラトリー）」というメタファーをとおして、「ワークショップの現在《いま》」をとらえなおすことはできないだろうか。「工房」と「工場」との中間にある「ラボ」には、さまざまな材料、素材、そして道具が並んでいる。

私たちは、多様な個別具体的な問題意識とともに「ラボ」に向かう。「ラボ」でさまざまな実験に活用されるモノの大部分は、「工場」で大量生産された規格品かもしれないが、それぞれが個別的でユニークな「課題」に対応できるように準備されている。一つひとつのモノは、「半成品」として、あるいは実験用の資材として、私たちの要求にもとづいて、ある具体的な文脈に位置づけられる。そして、私たちが資材をえらんで組み合わせ、問題意識に応じて加工することで、「課題」の解決に向かう手がかりを得ることを目指す。何らかの不具合がある場合には、「ラボ」で試作や改変をくり返し、よりよい状況へと向かおうとする。

さらに、「ラボ」を特徴づけるのは、「課題」の状況に応じて知恵や手を貸してくれる「メンバー」がいるという点であろう。「ラボ」の「メンバー」は、個別の問題状況を理解し、その解決に向かうための方策を提案するファシリテーターとしての役割を果たすことになる。いくつかの可能な選択肢を示したり、自らの経験を紹介したりすることによって、向き合うべき作業が容易になるよう働きかけてくれるのだ。「ラボ」にかかわることによって、私たちは「メンバー」どうしの関係性のなかで、自分自身を位置づける。当然のことながら、「メンバー」になるためには、何らかの条件を満たす必要があるかもしれない。「ラボ」の運営・維持のためには、何らかの契約関係が結ばれたり、役割分担が行われたりすることもあるはずだ。あるいは、互恵的な関係によって「ラボ」が運営される場合もあるだろう。

「ラボ」は、主宰者の能力やセンスを映しながら、それぞれが個性的に作られてゆく。扱うべき課題が明確な場合には、「ラボ」の活動は「問題解決」に向かって効率的に編成される。いっぽう、もう少し柔軟な「問題発見」や「関係変革」を志向しているならば、緩やかな紐帯のなかで運営されるだろう。近年の情報環境の変化によって、「メンバー」どうしのやりとりは、ネットワークを介して維持・強化される。ネットワーク上にもお互いの状況を共有するための仕組みが整備されれば、対面的なコミュニケーションを補完するように活用されるだろう。

「工場」と「工房」の間にある、「ラボ」のような場所に見立てることによって、「ワークショップの現在」が見えてくるのではないだろうか。「ラボ」としての「ワークショップ」は、「レディメイド」と「オーダーメイド」との中間に位置する。私たちは、「ラボ」に行くだけでは、自分の問題を解決することはできない。適切な材料や道具を手に入れて、試作・試用をすすめ、有用なアドバイスや経験談を持ち帰ることによって、ふたたび個別的な現場に向き合う。そのときこそが、学びの契機になるはずだ。何度も「ラボ」に通っているうちに、さまざまな場面で汎用的に活かすことのできる知識を体得することができる。「これがワークショップだ」という唯一のこたえはない。当然のことながら、多様性は尊重したい。忘れずにいたいのは、ワークショップを批判的にふり返り、場所としての性格をとらえなおすという試み自体も、私たちの弛まぬ活動として自覚することだ。

ワークショップを疑う

すでに述べたように、かねてからさまざまな領域で行われてきた「オーダーメイド」的なワークショップは、方法としての期待の高まりとともに、私たちにとってより身近な活動になった。ワークショップに関心があれば、啓蒙書や一般書、教材等は容易に手に入るし、講演やセミナーなどをとおして学ぶ機会もたくさんある。また、学術的な調査研究の対象として、ひとつの領域を形成している。こうした状況にあって、ワークショップということばや実践の「氾濫」に、いささか食傷気味な状況が生まれている。

これまでの多くの実践報告が語るように、ワークショップは、発想を支援し、緩やかな合意形成や意思決定を促す場になりうることはまちがいない。私自身の経験からも、ワークショップは、コミュニケーションや社会関係について再考するための「実験」の場としてとても魅力的である。しかしながら、高度に形式化された「レディメイド」のワークショップが増えているのではないだろうか。ワークショップということばは認知されていても、「工房」であるはずの場所が、「工場」になっているとしたら、私たちはワークショップの可能性を見失うことになりはしないだろうか。

くり返し述べてきたように、ワークショップは、個別具体的な〈モノ・コト〉と向き合いながら、「オーダーメイド」という方法や態度でデザインされるべきものだ。「ワークショップは有用だ」「ワークショップは使える」といった風評に影響され、道具的な側面ばかりに注目してはいないだろうか。コミュニケーション観や人間関係に無頓着なまま、まるで「アリバイづくり」のようにワークショップが実践されていることはないだろうか。じつは、ワークショップの形式化がすすむと、「流派」とも呼ぶべきものを生むことになる。くり返し実践することで、方法として洗練され、再現可能性が高まるからである。わかりやすく言えば、場数が増えることによって、ファシリテーターが、ワークショップの現場に慣れるということだ。その結果、自分のファシリテーションのスタイルを確立し、オリジナルでユニークな方法として主張しようとふるまうのだ。場合によっては、それは他の代替的な可能性を見ようとせず、いささか排他的な態度に結びつくかもしれない。

もちろん、「流派」は参加者にも深くかかわっている。たびたびワークショップに参加するようになると、おのずと参加者たちの目も肥えてゆく。実際に参加したときの体験をもとに、さらなる学習意欲が湧いたり、方法や実践そのものに関心を抱いたりする。つまり「流派」は、デザイナーやファシリテーターばかりではなく、参加者らの承認とともに、相互構成的にかたどられる性質のものである。参加者は、いわばファンやサポーターのような役割を担いながら、「流派」の維持に貢献し、場合によっては啓蒙的にふるまうようにもなる。ある特定のファシリテーターのコミュニケーション能力に憧れて、自分もその「技《わざ》」を体得したいと思う。「流派」について深く学び、正統な継承者としてワークショップに携わるという道筋もある。場づくりとしての側面が際立てば、「リピーター」として、ワークショップをくり返し体験してみたいという気持ちにもなるはずだ。第1章で触れたが、たとえば「ワークショップデザイナー」としてのトレーニングや資格認定は、ある「流派」の興りとして理解することもできるだろう。

　ここで注意が必要なのは、ある種の「流派」が生まれること自体には、とくに問題がないという点だ。実践の経験が蓄積されることで、ワークショップという場づくりの方法は、少しずつ洗練されてゆく。デザイナーやファシリテーターのコミュニケーション観や学習観がワークショップに反映されているのであるから、社会的に認知されながら広がりをもつのは、むしろ自然なことだ。想いを同じくする仲間が見つかれば、一緒に課題を共有しながら、ある特定の「流派」を応援しようと考えても不思議ではない。「流派」を介して人と人が出会い、コミュニティによって支えられることで、固有の「文化」が育まれる。

　重要なのは、ワークショップにかんする考え方や方法について、自分が志向する「流派」を唯一のものだと考えないことだ。デザイナーやファシリテーターが、自らの個性を追究することは大切だが、同時にそれは、デザイナーやファシリテーター自身の視野を狭める可能性もある。ある「流派」を唯一のものであると考え、それを守ろうとすると、自分が担っているデザイナーやファシリテーターとしての役割を疑わなくなる（疑いたくなくなる）ことは、容易に想像できるからだ。参加者も、もちろん好き嫌いや善し悪しの判断は避けられないものの、ワークショップの多様性については、できるかぎり寛容でいるほうがいいだろう。自らの「正統性」を主張しつつも、ワークショップをとりまく多様な可能性を知ることこそが、結局のところは、自分が志向する「流派」の理解につながるはずだ。

　ワークショップにかかわる「同業者」どうしのコミュニケーションは、それぞれの方法の「正統性」をめぐる「闘い」ではなく、お互いの違いを認めつつも、しばし同じステージに立とうとする「ダンス」に見立ててとらえたいものだ。参加者も、たまには馴染みのない「流派」に触れる機会をつくれば、自分自身の向き合い方を再確認することができる。いつの間にか、ワークショップに慣れすぎている自分に気づくにちがいない。現場でのデザイナーやファシリテーターの所感を、何らかの形で「告白的」に公開し、ワークショップとは何かについてつねに問い直すこと、ワークショップをとらえなおすことが、求められているのではないだろうか。

ワークショップは、私たちの学習を促す活動を語るための、大切なことばである。これまで概観してきたとおり、とくにこの十数年で、ワークショップということばはさまざまな分野で受容され、広く普及してきた。数多くの実践や調査・研究が積み重ねられてきたことは、私たちのワークショップへの関心の高さを物語っている。だが、ワークショップは万能ではない。私たちが、その有用性を認めながら方法として洗練させ、形式化をすすめてきた結果として、本来の問題意識を忘れがちになってはいないだろうか。本書では、その問いかけを試みた。

ワークショップにかんする活動を熟知し、体系化するために、形式化は必要なプロセスであろう。しかしながら、形骸化では困る。私たち自身が、自らを批判的にふり返り、慣れや惰性に陥らないように、自らを現状から救い出すという、じつに難しいふるまいが求められている。ワークショップが「問題解決」のための方法として理解されるとき、もっぱら「効果」や「結果」といった側面が際立つ。方法としての有用性は、〈事前―事後〉を比べることで評価されることが多い。その志向は、形式化を後押しし、「工房」であるはずの場を、「工場」に見立てて理解するよう促す。

私たちに求められているのは、いまいちどワークショップの「仮説生成」や「関係変革」といった側面に光を当ててみることだ。ワークショップにかぎらず、たとえばアクティブラーニングと呼ばれる一連の試みも、あたらしい理解を創造し、私たちの（学習にかんする）想像力を喚起するための「実験」の場としてとらえなおしてみたい。「実験」は試行錯誤のくり返しによって成り立つ過程である。「実験」は、いつでも失敗に寛容である。私たちのたゆまぬ思索と試行を可能にする「実験」としての理解こそが、ワークショップの本質を際立たせるはずだ。

あとがき

ワークショップを題材に本を書くことになった直接のきっかけは、しばらく前に遡る。一九九八年から三年間、友人である長岡健さん（現・法政大学教授）とともに、ワークショップにかんする調査研究を行った。「学習環境のデザイン」をテーマとして掲げ、毎夏、大学生を対象にしたワークショップを企画・実践した。その過程で、私たちは、場づくりの楽しさも難しさも学ぶことになった。とりわけ、ふり返りの重要性や、ワークショップによって醸成される人間関係のありようについては考えさせられることが多く、あれこれと思索と試行をくり返した。二人とも、「教員」という身分になったばかりで、授業づくりや教材開発にかかわる活動には、おのずと関心が向いていたのかもしれない。三年にわたる実践は、「正規」の授業ではなかったため、私たちの問題意識に応じて自由にデザインすることができた。大学で提供されるプログラムとのちがいを際立たせながら、場合によってはふだんは許されないような、冒険的・実験的な試みも盛り込んだ。

活動の一部については、研究助成をいただき、報告書としてまとめることができた。一連の活動でえられた知見を元に、ワークショップや学習環境のデザインについて本を書いてはどうかと、ひつじ書房の松本功さんにお声がけいただきながら、遅々として進まず、すでにあれから二〇年近くが経とうとしている。当時、学生という立場だった参加者たちも、ほどなく四〇歳になろうという頃だ。なかなか執筆がすすまないまま、私たちそれぞれの関心領域やフィールドも少しずつ変化し、諸般の事情で、二人の共著という形で取り組むのが難しくなってしまった。そして、あの三年間のプロジェクトを中心に一冊の本をつくるのは、私ひとりではとうていムリなことのように思えた。結局のところ、あれから現在にいたるまでをふり返る形で全体を再構成し、書き下ろすことにした。当初の計画とは大幅に変わったものの、〈いま〉の状況を整理することで、長岡さんと共同ですすめてきたプロジェクトを、もう一度、追体験することができた。本書に収録することはできなかったが、当時のようすについては、少しずつウェブ上に掲載していくつもりである。

第1章で述べたとおり、「ワークショップ」ということばは、いまでは広く流通するようになり、多様な実践事例が紹介されるようになった。自らの活動をふり返り、ワークショップの〈いま〉を俯瞰しながら思い浮かぶのは、私たちが構成してきた「ワークショップ観」の受容・普及がすすむことによって、ある種の「慣れ」が蔓延しているのではないかという懸念である。ノウハウも事例も豊富になることは大いに喜ぶべきだが、惰性や弛みを生み出しているのではないか。その問いが大切なテーマとなって、本書の構成がかたどられていった。私にとっては、この省察の過程はとても意義ぶかいものだった。いまは、ようやく形になることを嬉しく思う。

松本功さんには、着想の段階から、じつに長きにわたって見守っていただいたことに心から感謝したい。そして、すでに述べたとおり、もともとの出発点がつくられたのは、長岡健さんとの共同プロジェクトに負うところが大きい。二〇年前のあの濃密な時間がなければ、この本は完成しなかっただろう。これからも、引き続き「対話」を続けていきたいと思う。よろしくお願いします。最後に、いつも応援してくれる家族や友人たちにもお礼を言いたい。ありがとうございます。

二〇一八年　初夏

加藤文俊

参考文献

青木将幸（二〇一三）『リラックスと集中を一瞬でつくるアイスブレイク ベスト50』ほんの森出版

今村光章（二〇〇九）『アイスブレイク入門：こころをほぐす出会いのレッスン』解放出版社

今村光章（二〇一四）『アイスブレイク』晶文社

イヴァン・イリッチ（一九七七）『脱学校の社会』東京創元社

加藤文俊（二〇〇六）「寅さんの見た風景を採集する：カメラ付きケータイをもちいたフィールドワークの試み」『現代風俗学研究』（第12号、pp.37–45.）

加藤文俊（二〇〇九）『キャンプ論：あたらしいフィールドワーク』慶應義塾大学出版会

加藤文俊（二〇一〇）「地域活性のための学習プログラムのデザインと実践：「よそ者」という視座の可能性」『地域活性研究』（第1号、pp.169–173.）

加藤文俊（二〇一六）『会議のマネジメント：周到な準備、即興的な判断』中央公論新社

加藤文俊（二〇一七）「「ラボラトリー」とデザイン：問題解決から仮説生成へ」『SFC Journal』第17巻第1号、（pp.110–130.）

加藤文俊、諏訪正樹（二〇一二）「フィールドワークのための身体をつくる：「まち観帖」のデザインと実践」

第39回研究発表大会梗概集 (pp.68–69.)
加藤文俊、諏訪正樹（二〇一三）「「まち観帖」を活用した「学び」の実践」『SFC Journal』(Vol. 2, No. 2,pp.35–46.)
加藤文俊、長岡健（一九九八）「あたらしい学習環境のデザインをめざして：ONプロジェクトの試み」日本シミュレーション&ゲーミング学会第10回大会　発表論文抄録集（pp.50–52.）
加藤文俊、長岡健（一九九九）「ワークショップ型学習環境のデザインに関する研究：「INプロジェクト」に学ぶ」日本シミュレーション&ゲーミング学会第11回大会　発表論文集（pp.140–143.）
加藤文俊、長岡健（二〇〇一）「ワークショップ型学習環境のデザインに関する研究」科学技術融合振興財団（FOST）助成研究報告書
加藤文俊、長岡健（二〇一〇）「「自画持参」：コミュニケーションゲームの設計と実践」『日本シミュレーション&ゲーミング学会 全国大会論文報告集』（二〇一〇年春号、pp.36–37）
苅宿俊文、高木光太郎、佐伯胖（編）（二〇一二）『ワークショップと学び1：まなびを学ぶ』東京大学出版会
苅宿俊文、高木光太郎、佐伯胖（編）（二〇一二）『ワークショップと学び2：場づくりとしてのまなび』東京大学出版会
苅宿俊文、佐伯胖、高木光太郎（編）（二〇一二）『ワークショップと学び3：まなびほぐしのデザイン』東京大学出版会
木下勇（二〇〇七）『ワークショップ：住民主体のまちづくりへの方法論』学芸出版社
ヘンリー・サノフ（一九九三）『まちづくりゲーム：環境デザイン・ワークショップ』晶文社

キャシー・スタイン・グリーンブラッド（一九九四）『ゲーミング・シミュレーション作法』共立出版
佐藤郁哉（二〇〇六）『フィールドワーク（増補版）：書を持って街へ出よう』新曜社
里見実（二〇一〇）『パウロ・フレイレ「被抑圧者の教育学」を読む』太郎次郎社
諏訪正樹・堀浩一（著）人工知能学会（監修）（二〇一五）『一人称研究のすすめ：知能研究の新しい潮流』近代科学社
ドナルド・ショーン（二〇〇七）『省察的実践とは何か：プロフェッショナルの行為と思考』鳳書房
瀬戸賢一（一九九五）『メタファー思考：意味と認識のしくみ』講談社
田中久夫、森部修（二〇一四）『アイスブレイク&リレーションゲーム：出会いから親しくなるまでを演出！』マネジメントアドバイスセンター
長岡健（二〇〇七）「経営実務教育におけるフィールド調査法学習プログラム：体験型授業開発のアクション・リサーチ」『産業能率大学紀要』(Vol.27, No.2, pp.1–25.)
中西紹一、松田朋春、紫牟田伸子、宮脇靖典（二〇〇六）『ワークショップ：偶然をデザインする技術』宣伝会議
中野民夫（二〇〇一）『ワークショップ』岩波書店
西村佳哲（二〇一一）『かかわり方のまなび方』筑摩書房
ダニエル・ピンク（二〇〇六）『ハイ・コンセプト：「新しいこと」を考え出す人の時代』三笠書房
パウロ・フレイレ（一九七九）『被抑圧者の教育学』亜紀書房
堀公俊（二〇〇八）『ワークショップ入門』日本経済新聞出版社

堀公俊（二〇一二）『アイデア・イノベーション：創発を生むチーム発想術』（ファシリテーション・スキルズ）日本経済新聞出版社
堀公俊（二〇一六）『ファシリテーション・ベーシックス：組織のパワーを引き出す技法』（ファシリテーション・スキルズ）日本経済新聞出版社
堀公俊、加藤彰（二〇〇六）『ファシリテーション・グラフィック：議論を「見える化」する技法』（ファシリテーション・スキルズ）日本経済新聞出版社
堀公俊、加藤彰、加留部貴行（二〇〇七）『チーム・ビルディング：人と人を「つなぐ」技法』（ファシリテーション・スキルズ）日本経済新聞出版社
堀公俊、加藤彰（二〇〇八）『ワークショップデザイン：知をつむぐ対話の場づくり』（ファシリテーション・スキルズ）日本経済新聞出版社
堀公俊、加藤彰（二〇〇九）『ロジカル・ディスカッション：チーム思考の整理術』（ファシリテーション・スキルズ）日本経済新聞出版社
堀公俊、加藤彰（二〇一一）『ディシジョン・メイキング：賢慮と納得の意思決定術』（ファシリテーション・スキルズ）日本経済新聞出版社
ジョン・ヴァン＝マーネン（一九九九）『フィールドワークの物語：エスノグラフィーの文章作法』現代書館
溝上慎一（二〇一四）『アクティブラーニングと教授学習パラダイムの転換』東信堂
宮本常一、安渓遊地（二〇〇八）『調査されるという迷惑：フィールドに出る前に読んでおく本』みずのわ出版

ブライアン・コール・ミラー（二〇一五）『2人から100人でもできる！15分でチームワークを高めるゲーム39』ディスカヴァー・トゥエンティワン
森時彦、ファシリテーターの道具研究会（二〇〇八）『ファシリテーターの道具箱：組織の問題解決に使えるパワーツール49』ダイヤモンド社
森玲奈（二〇一五）『ワークショップデザインにおける熟達と実践者の育成』ひつじ書房
山内祐平、森玲奈、安斎勇樹（二〇一三）『ワークショップデザイン論：創ることで学ぶ』慶應義塾大学出版会
ジェームス・ヤング（一九八八）『アイデアのつくり方』CCCメディアハウス
好井裕明（二〇〇六）『「あたりまえ」を疑う社会学：質的調査のセンス』光文社
ジョージ・レイコフ、マーク・ジョンソン（一九八六）『レトリックと人生』大修館書店
ジーン・レイヴ、エティエンヌ・ウェンガー（一九九三）『状況に埋め込まれた学習：正統的周辺参加』産業図書
エベレット・ロジャーズ（二〇〇七）『イノベーションの普及』翔泳社
エティエンヌ・ウェンガー、リチャード・マクダーモット、ウィリアム・M・スナイダー（二〇〇二）『コミュニティ・オブ・プラクティス：ナレッジ社会の新たな知識形態の実践』翔泳社
ポール・ワツラヴィック、ジャネット・ハベラス、ドン・ジャクソン（二〇〇七）『人間コミュニケーションの語用論：相互作用パターン、病理とパラドックスの研究』二瓶社

Kato, F. (2004) Facilitation in communication: Toward a study of educational gaming-simulation. In R. Shiratori, K. Arai, and F. Kato (2004) (Eds.) *Gaming, Simulations, and Society: Researach Scope and Perspective* (pp. 71–80). Tokyo: Springer-Verlag.

Kato, F. (2010) How we think and talk about 'facilitation.' *Simulation and Gaming: An Interdisciplinary Journal of Theory, Practice and Research* 41 (5), pp. 694–704. Sage Publications.

Kolb, D. (1984) *Experiential Learning: Experiencee as the Source of Learning and Development* Englewood Cliffs, NJ, Price Hall.

Tufte, E. (2006) *Cognitive Style of Powerpoint: Pitching Out Corrupts Within.* Graphics Press.

Reddy, M. (1979) The conduit metaphor: A case of frame conflict in our language about language. In A. Ortonoy (Ed.). *Metaphor and Thought* (pp. 284–324) Cambridge: Cambridge University Press.

や

ら

わ

索引

【著者紹介】

加藤文俊（かとう ふみとし）

1962年京都生まれ。85年、慶應義塾大学経済学部卒業。同大学大学院経済学研究科修士課程、アメリカ・ペンシルバニア大学大学院修士課程、ラトガース大学大学院コミュニケーション研究科Ph.D.課程修了（Ph.D.）。龍谷大学国際文化学部講師などを経て、現在、慶應義塾大学環境情報学部教授兼同大学院政策・メディア研究科委員。専攻はコミュニケーション論、メディア論、定性的調査法。
著書に『キャンプ論　あたらしいフィールドワーク』（慶應義塾大学出版会　2009）、『つながるカレー　コミュニケーションを「味わう」場所をつくる』（共著、フィルムアート社　2014）、『おべんとうと日本人』（草思社　2015）、『会議のマネジメント　周到な準備、即興的な判断』（中央公論新社　2016）ほかがある。

ワークショップをとらえなおす

Re-understanding Workshops
KATO Fumitoshi

発行　2018年6月26日　初版1刷
定価　1800円＋税
著者　© 加藤文俊
発行者　松本功
ブックデザイン　上田真未
印刷・製本所　三美印刷株式会社
発行所　株式会社 ひつじ書房
〒112-0011 東京都文京区千石2-1-2 大和ビル2階
Tel.03-5319-4916 Fax.03-5319-4917
郵便振替 00120-8-142852
toiawase@hituzi.co.jp　http://www.hituzi.co.jp/

ISBN978-4-89476-892-5